新丝路·语言

منهج الاستماع الأساسي للغة العربية

阿拉伯语基础听力教程（第二版）

第三册

顾巧巧 编著

北京大学出版社
PEKING UNIVERSITY PRESS

图书在版编目 (CIP) 数据

阿拉伯语基础听力教程. 第 3 册 / 顾巧巧编著. — 2 版. — 北京：北京大学出版社，2016.3

（新丝路·语言）

ISBN 978-7-301-26901-5

Ⅰ. ①阿… Ⅱ. ①顾… Ⅲ. ①阿拉伯语 – 听说教学 – 高等学校 – 教材 Ⅳ. ① H379.9

中国版本图书馆 CIP 数据核字 (2016) 第 027821 号

书　　　名	阿拉伯语基础听力教程（第二版）（第三册） ALABOYU JICHU TINGLI JIAOCHENG
著作责任者	顾巧巧 编著
责 任 编 辑	严　悦
标 准 书 号	ISBN 978-7-301-26901-5
出 版 发 行	北京大学出版社
地　　　址	北京市海淀区成府路 205 号　100871
网　　　址	http://www.pup.cn　新浪微博：@ 北京大学出版社
电　　　话	邮购部 62752015　发行部 62750672　编辑部 62754382
电 子 信 箱	pkupress_yan@qq.com
印 刷 者	三河市北燕印装有限公司
经 销 者	新华书店
	650 毫米 ×980 毫米　16 开本　9.5 印张　170 千字 2009 年 1 月第 1 版 2016 年 3 月第 2 版　2021 年 8 月第 3 次印刷（总第 5 次）
定　　　价	35.00 元

未经许可，不得以任何方式复制或抄袭本书之部分或全部内容。

版权所有，侵权必究

举报电话：010-62752024　电子信箱：fd@pup.pku.edu.cn

图书如有印装质量问题，请与出版部联系，电话：010-62756370

مقدّمة

前　言

　　在外语教学"听、说、读、写、译"各个环节中，"听"是被放在第一位的，足见其重要性。低年级听力教材的编写长期以来一直是一件比较困难的事情。本套教程是以北京大学外国语学院阿拉伯语系多年来所选用的听力材料为基础，在梁雅卿老师的主持下完成的。在选材过程中，我们力求与学生本科基础阶段的教学内容相结合，注意难易度适中，语言精练，内容丰富。从第二、三册起还增加了关于宗教、历史、文化等方面的内容，让学生在练习听力的同时学到文化历史知识。本套教材共分三册，大学一年级第二学期开始使用，每学期一册。

　　第一册共分16课，包括问候、拜访、旅馆与餐厅、参观村庄、埃及与叙利亚、在银行与在开罗旅行、看医生、看电影、寄信与购物、石油、足球、清真寺、旅行、在海边、访问苏丹古迹、阿拉伯的报纸等。本册书课文内容全部采用对话形式。每一课选取两到三个主人公，通过对话的形式将主题展开。每课内容相对独立，前后课文中的主人公没有内在的关系。本册课文内容由浅入深，对话生动。前十课内容可作为一年级第二学期听力课的必听内容。从第十一课开始，对话长度有所增加，对于一年级的学生来说可能难度较大，在训练的过程中可适当放慢速度，也可适当对照课文文本进行练习。

　　第二册共分15课，包括阿拉伯格言谚语、朱哈故事二则、人类与动物、团结就是力量、飞毯旅行、科学与自然、科学与自然、古老的开罗城、阿拉伯的节日、古老的清真寺等。本册选材由童话、科技、文化三大部分组成，每一课或是采用对话形式、或是采用讲述形式，情节生动，课后还配有练习。

第三册分为17课，包括阿拉伯家庭、访问、公寓房、住校、白鸽、西奈——大自然的馈赠、轻新闻、科技与生活和测试等。本册从第四课开始选用了埃及广播电台和电影的录音片段。如白鸽是纪念埃及"七·二三"革命的广播剧，该广播剧语言生动，学生在练习听力的同时，还可以从中了解埃及的历史；西奈——大自然的馈赠取材于一部纪录影片，它全方位介绍了埃及西奈半岛的自然保护区以及埃及为环保所做的努力；轻新闻和科技与生活均选自埃及广播电台的专题节目，语速相对较快，是对高年级新闻听力课的一个很好的铺垫。该册每课均有词汇注释。

本套教程为"北京大学立项教材"。该套教程得到北京大学外国语学院阿拉伯语系谢秩荣教授的大力支持，并提供了广播剧《白鸽》的素材。还得到来自苏丹的穆罕默德·奥贝德老师，以及来自伊拉克的北京大学博士生海德先生的大力支持，并提供了许多宝贵的建议。在此一并表示感谢。

由于编者的水平有限，该套教程还有许多不尽如人意的地方，请各位专家、同行批评指正。也请同学们在使用该教程的过程中提出意见，以便我们在今后的编写过程中加以改进。

编者

2015 年 12 月

目录

فهرست

الدرس الأوّل الأسرة العربية	١
الدرس الثاني الزيارة	١٣
الدرس الثالث شقّة	٢٢
الدرس الرابع الإسكان الجامعيّ	٣٤
الدرس الخامس حمامة بيضاء (١)	٤٢
الدرس السادس حمامة بيضاء (٢)	٥٣
الدرس السابع حمامة بيضاء (٣)	٦١
الدرس الثامن حمامة بيضاء (٤)	٧٢
الدرس التاسع سيناء هبة الطبيعة (١)	٨٤
الدرس العاشر سيناء هبة الطبيعة (٢)	٩١
الدرس الحادي عشر سيناء هبة الطبيعة (٣)	٩٨
الدرس الثاني عشر أخبار خفيفة (١)	١٠٤
الدرس الثالث عشر أخبار خفيفة (٢)	١١١
الدرس الرابع عشر أخبار خفيفة (٣)	١٢٠
الدرس الخامس عشر العلم والحياة (١)	١٣٠
الدرس السادس عشر العلم والحياة (٢)	١٣٧
الدرس السابع عشر اختبار	١٤٣

目 录

第一课　阿拉伯家庭……………………………………1

第二课　访问……………………………………………13

第三课　公寓房…………………………………………22

第四课　住校……………………………………………34

第五课　白鸽（一）……………………………………42

第六课　白鸽（二）……………………………………53

第七课　白鸽（三）……………………………………61

第八课　白鸽（四）……………………………………72

第九课　西奈——大自然的馈赠（一）………………84

第十课　西奈——大自然的馈赠（二）………………91

第十一课　西奈——大自然的馈赠（三）……………98

第十二课　轻新闻（一）………………………………104

第十三课　轻新闻（二）………………………………111

第十四课　轻新闻（三）………………………………120

第十五课　科技与生活（一）…………………………130

第十六课　科技与生活（二）…………………………137

第十七课　测试…………………………………………143

الدرس الأوّل الأسرة العربيّة

الحوار ١

استقبال العمّ

الأب: عمّك حسن قادم اليوم من تونس وستذهب إلى المطار أنت وإخوتك لاستقباله.

الإبن: وأنت يا أبي، أ لا تذهب معنا؟

الأب: أنا مشغول جدّا هذا المساء، عندي اجتماع هامّ، عندما أفرغ ألحق بكم.

الإبن: أعتقد، سيسعد عمّي بهذا اللقاء، وبخاصّة بعد غيبته الطويلة.

الأب: صلة الرحم واجبة يا بنيّ، أوصانا بها رسول الله صلّى الله عليه وسلّم، والآن استعدّوا للذهاب.

الإبن: وأخي طارق هل يذهب معنا؟

الأب: أخوك مريض، ومن الأفضل أن تبقى أختك سعاد لرعايته.

الإبن: ومن يذهب مع أمّي لمساعدة زوجة عمّي؟

الأب: أختك فاطمة تذهب معنا.

الإبن: أولاد عمّي جميعهم الآن في المطار للقاء أبيهم.

الأب: ولذلك يجب أن تسرع أنت وإخوتك قبل وصول الطائرة.

الإبن: إلى اللقاء يا أبي.

الأب: في أمان الله!

المفردات الجديدة

فرَغ ـُ فراغا من العمل	完，完工；完毕
صلة الرحم	亲戚关系
صلّي الله عليه وسلّم	愿真主赐福给他并使他平安
أمان	安全；太平

قل "صحيح" أو "خطأ"

العمّ اسمه حسن، وهو قادم اليوم من تونس. ( )

سيذهب جميع الأبناء إلى المطار لاستقبال عمّهم. ( )

طارق لم يذهب مع إخوته لأنّه مشغول باجتماع هامّ. ( )

سعاد ستذهب مع أمّها لمساعدة زوجة عمّها. ( )

سيلحق الأب بأبنائه عندما يفرغ من الاجتماع. ( )

فاطمة ستبقى في البيت لرعاية أخيها المريض. ( )

ستصل طائرة العمّ من تونس في الصباح. ( )

سيصل الأبناء قبل وصول الطائرة. ( )

من صلة الرحم أن أزور أقاربي وأسأل عنهم. ( )

أولاد العمّ لا يذهبون إلى المطار للقاء أبيهم. ( )

الحوار ٢

حوار عائلي بين أخ وأخت

الأخ: لماذا أنت حزينة يا نجوى؟

الأخت: أوّلا لأنك ستسافر وتتركنا.

الأخ: أنا مسافر لأكمل دراستي كما تعلمين، والرسول عليه الصلاة والسلام يقول: طلب العلم فريضة على كلّ مسلم.

الأخت: وثانيا أبي وأمّي لا يريدان أن أكون طبيبة.

الأخ: إنّهما يشفقان عليك من دراسة الطبّ، دراسة الطبّ ليست سهلة.

الأخت: هذه رغبتي، أنا لا أميل إلى دراسة الآداب.

الأخ: هما يختاران لك ما يناسبك، أفهم من كلامك أنّك غير موافقة على دراسة الآداب.

الأخت: وهل كنت توافق على دراسة الآداب بدلا من الهندسة؟

الأخ: لا أوافق طبعا، دراسة الآداب تحتاج إلى استعداد خاصّ.

الأخت: فلماذا تطلب مني ذلك؟

الأخ: لأنّك فتاة.

الأخت: وما الفرق بين الفتى والفتاة؟ ابنة عمّتي طبيبة، هناك فروع للطبّ أنسب للفتاة.

الأخ: أنا معك، ولكنّ دراسة الآداب أصلح للفتاة أيضا.

الأخت: ما هذه رغبتي.

الأخ: هذا يرجع اليك، كليّة الطبّ مفتوحة للبنات، سأقف إلى جانبك، الوالدان سيقتنعان بإذن الله، اعتمدي على الله.

الأخت: شكرا يا أخي، سوف أذكر لك دائما هذا الفضل.

المفردات الجديدة

أكمل إكمالا الشيء	做完，完成
فريضة جـ فرائض	宗教义务，宗教礼仪
فرع جـ فروع	分支，枝杈；支流；支部
أنسب	更适合……的，更相称的
أصلح	更适合……的
اقتنع اقتناعا به	满足，满意；信服

قل "صحيح" أو "خطأ"

نجوى حزينة لأنّها سوف لا تسافر مع أخيها. ( )

الوالدان لا يريدان أن تدرس نجوى الطبّ. ( )

الأخ مسافر ليكمل دراسته في الخارج. ( )

لا تميل نجوى إلى دراسة الآداب مع أنّ دراسة الآداب مناسبة للفتاة. ( )

دراسة الطبّ لا تصلح للفتاة، لأنها تحتاج إلى استعداد خاصّ. ( )

كليّة الطبّ غير مفتوحة للبنات، لأنّهن لا يدرسن الطبّ. ( )

سوف يقتنع الوالدان، لأنّ الأخ سيقف إلى جانب أخته. ( )

النصّ ١

عودة غائب

أخي عائد من سفره بعد غيبة طويلة، كلّنا في المطار لاستقباله، أبي وأمّي وإخوتي وأخواتي ذهبنا مبكّرين.

قبل وصول الطائرة، بين الحين والحين ننظر إلى الساعة الكبيرة أو نصغي إلى الإعلان عن وصول الطائرة، الوقت لا يمرّ، نحن جالسون في صالة الانتظار بالمطار، فجأة نسمع الإعلان عن وصول الطائرة. صالة الانتظار مزدحمة بالمستقبلين: أبناء جاءوا لاستقبال آبائهم، وإخوة جاءوا ينتظرون أخاهم، وابنة مشتاقة لأمّها، وأخت متلهّفة على أخيها. نزل المسافرون من الطائرة. بعد الانتهاء من فحص الجوازات تسلّموا حقائبهم.

أخذنا نتطلّع إليهم، وصحنا جميعا في وقت واحد، ها هو عبد الكريم. رحّبنا به، وحملنا حقائبه، وركبنا السيّارة إلى منزل العائلة حيث اللقاء الكبير.

المفردات الجديدة

غائب ج غائبون م غائبة	缺席的，不在场的
مزدحم م مزدحمة	拥挤的
متلهّف م متلهّفة	渴求的，热望的
جواز السفر ج جوازات	护照
تطلّع تطلّعا إلى كذا	看，展望；期望，憧憬

النصّ ٢

أسرة عربيّة

هذا البيت الكبير الّذي على ناصية الشارع يسكنه طبيب عربيّ مشهور، هذا الطبيب هو الدكتور عبد الله، وهو أستاذ بكليّة الطبّ وجرّاح كبير، وهو متزوّج من سيّدة فاضلة وهي على قدر كبير من العلم والثقافة. لهما ولدان وبنتان، الولد الأكبر طالب بكليّة الطبّ يتمنّي أن يكون مثل أبيه؛ والأصغر طالب بكليّة الآداب، يميل إلى قراءة الكتب الأدبيّة، يقضي وقتا طويلا في القاء الشعر وتأليف القصص؛ البنت الكبرى طالبة في المدرسة الثانويّة، أمّا الصغرى فتلميذة في المدرسة الابتدائيّة، وهي أسرة سعيدة.

ربّ الأسرة كلمته مسموعة، والأمّ محبوبة من الجميع، الولدان مجتهدان، وأبوهما مهتمّ بتربيتهما، يربّيهما تربيّة إسلاميّة، وهما أخوان متحابّان مطيعان لوالديهما. يوم الجمعة يصحبان والدهما إلى المسجد لتأدية فريضة الجمعة، ثمّ يذهبون إلى السوق لشراء حاجات الأسرة.

والبنتان مهذّبتان، وهما مجدّتان في دروسهما، متعاونتان مع والدتهما. الأمّ متفرّغة لمملكتها، ومملكتها هذا البيت الكبير، تنظّمه وتدبّره، فاذا عاد الزوج من عمله وجد الهدوء والراحة.

وهم يجتمعون على مائدة الطعام وقت الغداء، ولهم جلسة عائليّة في المساء بعد أن يفرغ كلّ واحد من عمله، يجلسون في القاعة حيث يتسامرون أو يشاهدون التلفزيون، وفي العطلة يذهبون لزيارة الأقارب

7 الدرس الأوّل ◆ الأسرة العربيّة

第一课 阿拉伯家庭

أو يخرجون للنزهة.

المفردات الجديدة

ناصية جـ نواص (النواصي) وناصيات	角，角落
جرّاح	外科医生
فاضل م فاضلة	尊贵的，高贵的
ألّف تأليفا الكتاب أو غيره	编，组成；编纂
مسموع م مسموعة	听得见的
متحابّون	友好的，亲密的
صَحِبَه ـَ صحبة	陪伴，伴随，结交，交往
مسجد جـ مساجد	清真寺
متفرّغ م متفرّغة	专心从事于……的
دبّر تدبيرا الأمر	安排，布置，策划
تسامر تسامرا القوم	夜谈

附：相关译文

第一课 阿拉伯家庭

对话一

接叔叔

爸爸：你叔叔哈桑今天从突尼斯回来，你们兄弟一起去机场接他。

儿子：爸爸，你呢？你不和我们一起去吗？

爸爸：我晚上很忙，有一个重要会议，我完事后就找你们去。

儿子：我想叔叔对这次见面会很高兴，特别是在他久别之后。

爸爸：孩子，亲戚关系是必不可少的，对此，安拉的使者曾忠告过我们。现在你们准备走吧。

儿子：我兄弟塔利克和我们一起去吗？

爸爸：他病了，你姐姐苏阿德最好留下照顾他。

儿子：谁和我母亲去帮我婶婶？

爸爸：你妹妹法特梅和我们一起去。

儿子：表兄弟们现在都在机场等着见他们的父亲了。

爸爸：所以你和你的兄弟们要快一点，要在飞机到达之前赶到。

儿子：再见，爸爸。

第一课 阿拉伯家庭

الدرس الأوّل ⬥ الأسرة العربيّة

爸爸：一路平安！

判断对错

叔叔的名字叫哈桑，他今天从突尼斯来。（正确）

所有的孩子都将去机场接他们的叔叔。（错误）

塔利克没有和兄弟们一起去，因为他忙着开一个重要会议。（错误）

苏阿德将和她母亲一起去帮她婶婶。（错误）

父亲开完会后，将去追赶他的孩子们。（正确）

法特梅将留在家里，照顾生病的兄弟。（错误）

叔叔所乘坐的从突尼斯来的飞机将于早晨到达。（错误）

孩子们将在飞机到达之前赶到机场。（正确）

我拜访我的亲戚们并问候他们是出于亲戚关系。（正确）

表兄弟们不去机场见他们的父亲。（错误）

对话二

兄妹之间的一段家庭对话

哥哥：娜芝娃，你为什么伤心？

妹妹：首先是因为你要走了，要离开我们。

哥哥：我走是为了完成我的学业，这你知道。使者说：求知是每一个穆斯林的义务。

妹妹：其次，我父母不愿意我当医生。

哥哥：他们俩对你学医很关心，因为学医不是那么容易的。

妹妹：这是我的愿望，我不喜欢学文学。

哥哥：他们是为你选择适合你学的。从你的话中我明白，你不同意学文学。

妹妹：那你是否同意为学文学而放弃学工科呢？

哥哥：当然不同意，学文学需要特殊的条件。

妹妹：那你为什么要求我那么做？

哥哥：因为你是女孩子。

妹妹：男孩和女孩有什么区别？我表姐就是医生，有些医学学科更适合女孩子学。

哥哥：我同意你的看法，但学习文学也很适合女孩子。

妹妹：可那不是我的愿望。

哥哥：这取决于你，医学院的大门对女孩子是敞开的，我将支持你。如真主允许的话，父母会被说服的，依靠真主吧。

妹妹：谢谢，我会永远记着你的好的。

判断对错

娜芝娃很难过，因为她不能同她哥哥一起出国。（错误）

父母不愿意娜芝娃学医。（正确）

الدرس الأوّل ◆ الأسرة العربيّة

她哥哥要到国外去继续学习。（正确）

娜芝娃不喜欢学文学，尽管文学很适合女孩子学。（正确）

学医不适合女孩，因为它需要特殊的条件。（错误）

医学院不接收女学生，因为她们学不了医。（错误）

父母会被说服，因为哥哥将支持妹妹。（正确）

短文一

游子回家

我哥哥久别家人要回来了，我父母和兄弟姐妹都到机场去接他，我们很早就去了。

在飞机到达之前，我们不时看着大钟，或听着有关飞机到达情况的广播，时间似乎停滞了，我们坐在机场的候机大厅里，忽然，我们听到了飞机抵达的广播。候机厅里挤满了接机的人：来接父亲的子女，等待哥哥的兄弟，想念母亲的女儿，期盼兄弟的姐妹。旅客们下了飞机，在查验了护照之后，他们取到了行李。

我们注视着旅客们，同时喊起来：那是阿卜杜勒·凯里姆！我们向他表示了欢迎，拿起他的行李，乘车回家，家中将有一个大聚会。

短文二

一个阿拉伯家庭

在街角的这栋大房子里，住着一位著名的阿拉伯医生，他就是阿卜杜拉大夫，他是医学院的教授、著名的外科医生，与一位尊贵博学的女士结了婚。他们有两个儿子和两个女儿，大儿子是医学院的学生，他希望成为他父亲那样的医生；小儿子是文学院的学生，喜欢读文学书籍，他把很多时间用在作诗、写小说上；大女儿是高中生；小女儿是小学生。这是一个幸福的家庭。

父亲（一家之主）的话是有权威的（大家都得听的），母亲受到大家的爱戴，两个儿子很用功，父亲很重视以伊斯兰的方式培养他们，他俩相互友爱，很听父亲的话，周五都随父亲去清真寺完成周五的宗教功课，然后去市场买一些家庭用品。

两个女儿很有教养，她俩学习认真，并帮母亲做事。母亲专心于她的王国，她的王国就是这个大家，她安排家务，丈夫下班回到家里，可以得到宁静与休息。

午饭时大家聚集在餐桌旁，在每个人忙完自己的工作后，一家人晚上会聚在一起，坐在客厅里聊天、看电视。假期里，他们去拜访亲戚或外出游玩。

الدرس الثاني الزيارة

الحوار ١

زيارة عائليّة

الأب: السلام عليكم!

الجدّ: وعليكم السلام! تفضّل! أهلا وسهلا! أين الأولاد؟

الأب: جئت من العمل إلى هنا مباشرة، الأولاد سيحضرون حالا. كيف حالك؟

الجدّ: بخير، والحمد لله.

الأب: وأين الوالدة؟

الجدّ: تصلّي بالداخل، أسبوعان مرّا دون أن نراكم.

الأب: شغلتنا عنكم بعض الظروف، كانت حماتي في ضيافتنا طوال الأسبوع.

الجدّ: هذا هو السبب إذن، أ تعرف من كان هنا يوم الجمعة الماضي؟

الأب: من؟

الجدّ: أختك نجلاء وزوجها وأولادها جاءوا للقائكم هنا في بيت العائلة.

الأب: ما أسوء حظّنا! البنات مشتاقات لمقابلة عمّتهن، ولكن كيف حالها؟

الجدّ: مشغولة دائما كالعادة بدراسة الأولاد ولزواج ابنتها هدى كما تعرف.

الأب: كان الله في عونهم، وهل حدّدوا موعد الزفاف؟

الجدّ: هم مشغولون بالاستعداد للعرس.

الأب: لا بدّ أن أتّصل بهم، ربّما يحتاجون إلى بعض المساعدة.

الجدّ: بلا شكّ، يحسن أن تقف إلى جانبهم في هذه الأيّام.

الأب: سأزورهم غدا. أمّي قادمة. أهلا أمّي!

الجدّ: الحمد لله! وصلت زوجتك والأحفاد، أهلا وسهلا! تفضّلوا!

المفردات الجديدة

صلّى يصلّي صلاة	祈祷；做礼拜
شغَل ــَ شغلا فلانا الأمر	使他忙于
حماة جـ حموات	岳母，婆母
ضيافة	款待，待客
حظّ جـ حظوظ	运气，幸运
زفاف	结婚

قل "صحيح" أو "خطأ"

جاء عثمان وحده، لأنّ أولاده لا يحبّون زيارة جدّهم. (   )

تأخّر عثمان عن الزيارة أسبوعين، لأنّ حماته كانت في ضيافته. (   )

الدرس الثاني • الزيارة

كانت أمّ عثمان في الخارج عندما استقبله عبد العزيز. ( )

نجلاء وزوجها وأولادها جاءوا إلى بيت العائلة في الأسبوع الماضي. ( )

قابل عثمان أخته نجلاء في بيت العائلة يوم الجمعة الماضي. ( )

نجلاء مشغولة، لأنّ ابنتها هدى تزوّجت. ( )

وعد عثمان بأن يزور أخته في الغد ليقف إلى جانبها. ( )

قال عبد العزيز "أهلا وسهلا" عندما وصلت نجلاء وزوجها وأولادها. ( )

الحوار ٢

خطبة

الأمّ: أنت اليوم منشرح مع أنّك جئت متأخّرا، فما السرّ؟

الأب: عندي خبر مهمّ، وأعتقد أنّه سيسعدك سماعه.

الأمّ: خيرا، هات ما عندك، فكلّ الآذان مصغية.

الأب: زارني اليوم حسام وطلب يد ابنتنا سهام.

الأمّ: خبر سارّ، وماذا قلت له؟

الأب: طلبت منه مهلة حتّى نفكّر في الأمر. ولا داعي للعجلة.

الأمّ: حسام شابّ مهذّب وهو مكافح، ونشأته إسلاميّة.

الأب: أعرف ذلك تماما، ولقد سعدت بطلبه.

الأمّ: إذن أنت موافق على هذه الخطبة، وأنا موافقة كذلك، خصوصا

أنّه ابن أختي.

الأب: نعم، نحن موافقان، لكنّ موافقتنا لا تكفي.

الأمّ: لا أفهم ماذا تقصد.

الأب: اعرضي الأمر على ابنتنا سهام، ما رأيها في ابن خالتها حسام؟

الأمّ: أجل، فديننا يأمر باستشارة البنت.

المفردات الجديدة

خطبة	订婚；订婚
منشرح م منشرحة	开心的，愉快的，心情舒畅的
طلب يدها	求婚
نشأة	发生，产生，成长
لا داعي لكذا	没必要，用不着
استشاره استشارة	商量，咨询，征求意见

النصّ

زيارة

الزيارة عنوان المحبّة ودليل المودّة وخير رباط يربط بين الناس، وهي واجبة بين أفراد الأسرة وبين الجيران وبين الأقرباء والأصدقاء. والإنسان لا يستطيع أن يعيش وحده بعيدا عن الناس، فهم يحتاجون إليه بقدر حاجته إليهم، ولذلك يجب أن يزور الناس، كما يجب على الناس أن يزوروه. ويكثر الناس من الزيارات في المناسبات كالتهنئة بمولود أو

الفرحة بعودة مسافر طال غيابه أو حصول الأبناء على شهادات التفوّق والنجاح. أمّا زيارة المريض فهي أمر ضروريّ، لأنّ في الزيارة إسعادا له ومعينا على شفائه لشعوره بأنّ الناس يحيطون به ويتمنّون له الصحّة والقوّة، وينتظرون اليوم الّذي يعود إليهم سليما معافى. ولقد حثّ الإسلام على الزيارة ووضع لها آدابا من اختيار الوقت المناسب والاستئذان والسلام على أهل البيت وعدم التطلّع إلى بيت المضيف وألاّ تسبق عين الزائر قدمه في الدخول إلى منازل من يزورهم. ولقد اشتهر العرب والمسلمون منذ أقدم العصور، لأنّهم أهل ضيافة وكرم، فهم خير من يرحّب بالضيف ويحسن استقباله.

المفردات الجديدة

رباط جـ أربطة	关系；带子
قدر	数量；程度
مولود جـ مواليد	婴儿
شهادة جـ شهادات	证明，证书，文凭
تفوّق تفوّقا على	胜于，优于，优胜
أسعد إسعادا فلانا	使幸福，使荣幸
معين	有帮助的；助手，副手
معافى	健康的
أحسن إحسانا الاستقبال	很好地招待

附：相关译文

第二课 访问

对话一

家庭访问

爸爸：你好！

爷爷：你好！请！欢迎欢迎！孩子们呢？

爸爸：我从班上直接过来的，孩子们马上就到。你好吗？

爷爷：很好，感谢真主。

爸爸：母亲在哪儿？

爷爷：在里面做祷告，我们都两周没看到你们了。

爸爸：有些事使我们忙得顾不上你们，我岳母一个礼拜都在我们家做客。

爷爷：是这个原因啊，你知道上周五谁在这儿吗？

爸爸：谁？

爷爷：你姐姐娜芝拉和她的丈夫、孩子，他们到家里来是想见你们。

爸爸：我们运气真糟！女儿们都很想见见她们的姑姑。她好吗？

爷爷：你知道的，她和过去一样总是忙于孩子们的学习和她

الدرس الثاني ♦ الزيارة

女儿胡妲的婚事。

爸爸：真主佑助他们！他们定下婚礼的日期了吗？

爷爷：他们正忙着为婚礼做准备。

爸爸：我得和他们联系一下，他们也许需要帮忙。

爷爷：当然，这些日子你最好帮帮他们。

爸爸：明天我就去拜访他们。我母亲来了。你好，妈妈！

爷爷：感谢真主！你妻子和孩子们来了。你们好！请进！

判断对错

奥斯曼自己来了，因为他的孩子们不喜欢去看爷爷。（错误）

奥斯曼晚来了两周，因为他的岳母在他家做客。（正确）

当阿卜杜勒·阿齐兹迎接奥斯曼时，他母亲正在外面。（错误）

娜芝拉和她的丈夫、孩子们上周到家里来了。（正确）

上周五奥斯曼在家里见到了他姐姐娜芝拉。（错误）

娜芝拉很忙，因为她女儿胡妲结婚了。（错误）

奥斯曼说好明天去看望他姐姐，去帮忙。（正确）

当娜芝拉和她丈夫、孩子来到时，阿卜杜勒·阿齐兹说"你们好"。（错误）

对话二

求 婚

妈妈：你今天回来晚了还那么开心，有什么秘密？

爸爸：我有一个重要消息，我想你听了也会高兴的。

妈妈：好，快告诉我，我洗耳恭听。

爸爸：今天侯萨姆来找我，向我们的女儿丝哈姆求婚。

妈妈：好消息！你怎么对他说的？

爸爸：我让他给我们时间考虑考虑，不必着急。

妈妈：侯萨姆是个有教养的青年，很努力，是在伊斯兰教的环境中成长的。

爸爸：这些我都知道，对他的求婚我感到高兴。

妈妈：那么说你同意他的求婚了，我也同意，何况他还是我的外甥。

爸爸：是的，我们都同意，但光我们同意还不够。

妈妈：我不明白你的意思。

爸爸：你把事情告诉我们的女儿丝哈姆，看看她对她表哥的看法。

妈妈：好的，我们的宗教要求我们征求闺女的意见。

الدرس الثاني ۰ الزيارة

短文

访问

访问是友爱的表现、友情的象征，是联系人们最好的纽带，它是家人之间、邻里之间以及亲朋好友之间的一种责任。人是不能离群索居的，正如他需要别人那样，别人也需要他，因此，他应该去拜访别人，别人也应该去看望他。人们常借一些场合互访，如祝贺孩子诞生、庆祝出远门的人回来或子女获得好成绩。看望病人是很必要的，这可以使他愉快，有助于他的康复，因为他可以感受到人们关心他，祝愿他健康，并期待着他平安健康地回到他们中间。伊斯兰教鼓励访问，并规定了访问的一些礼节，如挑选合适的时间、告辞、问候房子里的人、不窥视主人的家、来访者在进入房门之前不可往里看。阿拉伯人和穆斯林们自古在这方面就很有名，因为他们好客且慷慨，他们最善于欢迎客人并能很好地款待他。

الدرس الثالث شقّة

الحوار ١

شقّة خالية

مستأجر: لو سمحت، من المسؤول عن هذه العمارة؟

مؤجّر: قل ماذا تريد، وسوف أساعدك، أنا وكيل صاحب العمارة.

مستأجر: أرى لافتة "شقّة للإيجار"، أرغب في استئجارها إذا كانت مناسبة.

مؤجّر: كم غرفة تريد؟

مستأجر: أريد خمس غرف.

مؤجّر: طلبك موجود، عندنا شقق أربع غرف وخمس غرف.

مستأجر: في أيّ دور؟

مؤجّر: في الدور الثاني شقّة خمس غرف، وفي الثالث أربع غرف، هيّا نأخذ المصعد إلى الدور الثاني أوّلا.

مستأجر: لا، أفضّل صعود السلّم لأرى منظر العمارة من الداخل.

مؤجّر: كما تحبّ، تفضّل. وهذا هو المدخل، واسع ومنير، والسلّم من الرخام الأبيض.

وصلنا الدور الثاني. وهذه هي الشقّة رقم ٧، ويقوم عاملان بتنظيفها.

مستأجر: مدخلها ضيّق.

مؤجّر: يوصل هذا المدخل إلى صالة واسعة، وبوضع ستارة تستخدمها الأسرة كغرفة طعام. هذه هي الغرفة الأولى تصلح للاستقبال. ولها شرفة كبيرة يمكن تغطيتها بالزجاج شتاء.

مستأجر: وأين الغرف الباقية؟

مؤجّر: في الداخل، بعيد عن المدخل، غرفتان من الجهة اليمنى، وغرفتان من الجهة اليسرى.

مستأجر: أريد مشاهدة المطبخ والحمّام.

مؤجّر: رأيت عند المدخل حمّاما صغيرا، أمّا هنا فترى الحمّام الكبير، وبه حوض كبير للاستحمام، وحوض لغسيل الوجه، وقد جهّزنا كلّ المعدّات الخاصّة بالسخّان.

مستأجر: بقي أن أعرف قيمة الإيجار.

مؤجّر: أفهم من ذلك أنّ الشقّة أعجبتك؟

مستأجر: نعم، أعجبتني، شقّة جميلة لا شكّ.

مؤجّر: سوف نتّفق إن شاء الله.

المفردات الجديدة

代表，代理人，助理	وكيل ج وكلاء
出租	آجر إيجارا الدار فلانا

دور جـ أدوار (من منزل)	（楼房的）层
مصعد كهربائيّ جـ مصاعد	电梯
منير م منيرة	发光的，光亮的
رخام	大理石
ستار جـ ستائر	盖子，罩子；帐，幔，幕，屏风
شرفة جـ شرف	阳台，包厢
حوض جـ أحواض	池子；流域
معدّ جـ معدّات	工具，器材，装置，设备
سخّان سخّانة جـ سخّانات	加热器，热水器

الحوار ٢

شقّة مفروشة

مؤجّر: تفضّل أدخل، ستجد الشقّة حسب طلبك تماما بإذن الله.

مستأجر: ولكن أ ليس هذه الشقّة مرتفعة قليلا؟

مؤجّر: الدور العاشر مطلوب لبعده عن الضوضاء والغبار.

مستأجر: ولكن ماذا يحدث لو تعطّل المصعد؟

مؤجّر: بالعمارة مصعدان جديدان يعملان بانتظام، اطمئنّ من هذه الناحية.

مستأجر: كم حجرة بالنوم؟

مؤجّر: توجد حجرتان واسعتان للنوم، لكلّ منهما سرير كبير وخزانة للملابس ومرآة.

مستأجر: هاتان الحجرتان مناسبتان فعلا.

مؤجّر: وهذه غرفة الجلوس، أربعة مقاعد وأريكتان؛ وذلك التلفزيون ملوّن؛ والأرض كلّها مفروشة بالسجّاد الصناعيّ كما ترى.

مستأجر: هل بها تلفون؟

مؤجّر: طبعا، وهناك توصيلة في كلّ غرفة.

مستأجر: وأين المطبخ والحمّام؟

مؤجّر: أمام الحجرتين مباشرة، المطبخ واسع ويستخدم لتناول الطعام أيضا.

مستأجر: جميل، وهل أدواته كاملة؟

مؤجّر: جهّز المطبخ بفرن يعمل بالكهرباء، وثلاّجة كبيرة وجميع الأدوات اللازمة.

مستأجر: وهل السوق قريبة من هنا؟

مؤجّر: هناك سوق مركزيّة أسفل العمارة المجاورة، أمّا سوق الخضر والفاكهة ففي نهاية هذا الشارع.

مستأجر: عظيم، متى أقابل وكيل العمارة؟

مؤجّر: تقابله الآن، مكتبه في الدور الأوّل.

مستأجر: هيّا بنا إليه لدفع العربون.

المفردات الجديدة

مفروش م مفروشة	有家具和陈设的
اطمأنّ يطمئنّ اطمئنانا وطمأنينة	安心，放心

خزانة جـ خزانات وخزائن	柜，橱
أريكة جـ أرائك	沙发，长椅
سجّادة جـ سجاجيد	地毯
توصيلة جـ توصيلات	分线，支线
استخدم استخداما الشيء	使用，雇用
فرن جـ أفران	炉，灶
ثلاّجة جـ ثلاّجات	冰箱，冰柜
مركزيّ م مركزيّة	中央的，中心的
أسفل م سفلى جـ سفل	最低的，最下部
مجاور م مجاورة	邻近的，毗连的
عربون جـ عرابين	定钱，订金

النصّ

أيّهما أفضل

يفضّل كثير من الناس استئجار الشقق العالية في العمارات الشاهقة، وذلك لأنّ هذه الشقق بعيدة عن الضوضاء، لا يشكو سكّانها حرّ الصيف أو برد الشتاء، وينعم فيها بالنسيم الرقيق والهواء النقيّ، وإذا جلس في الشرفة ليلا استمتع بمنظر المدينة وهي تسبح في النور.

ولكنّ بدر الدين له رأي آخر، استأجر بدر الدين شقّة جميلة في الدور العاشر من عمارة عالية، وبدر الدين رجل بدين لا يحبّ صعود

السلّم على الإطلاق، وهو يحضر من عمله متأخّرا بعض الوقت، فيكون السكّان جميعا قد فرغوا من استعمال المصعد، وإذا صعد إلى شقّته لا يفكّر في النزول إلاّ لأمر هامّ.

وفي يوم شديد الحرّ، خرج بدر الدين من عمله، وعندما ركب سيّارته لم تتحرّك من مكانها، وحاول تشغيلها فلم توطئه ولم تستجب لمحاولاته، فتركها وفضّل السير على قدميه، فالعمارة ليست بعيدة.

وصل بدر الدين إلى عمارته، ولم يكن قد أدركه التعب بعد، اتّجه إلى المصعد ووجد بابه مفتوحا، فدخل المصعد، وأغلق الباب، ولكنّ المصعد لم يتحرّك، أخبره الحارس أنّ المصعد سوف يتعطّل لمدّة ساعتين حتّى يتمّ إصلاحه.

لم يكن أمام بدر الدين إلاّ أن يصعد السلّم. لأوّل مرّة يصعد السلّم، وأخذ العرق يتصبّب من جبينه وأدركه التعب وهو يصعد دورا دورا. الحمد لله لقد وصل سالما إلى الدور العاشر، فاتّجه إلى باب شقّته، وقبل أن يدقّ الجرس شاهد ورقة ملصقة بالباب مكتوبا عليها بخطّ ابنه "أبي، نحن في انتظارك في بيت خالي الّذي جاء من السفر اليوم".

منذ ذلك اليوم هو يبحث عن شقّة في الأدوار السفلى من العمارات.

المفردات الجديدة

شاهق م شاهقة	高耸的，巍峨的
نعِم َـ نعمة بكذا	享受，享有

بدر الدين	白德尔丁（人名）
بدين م بدينة	胖子；肥胖的
شغّل تشغيلا الماكنة وغيرها	开动，启动，起用，使运行
استجابه أو استجاب له استجابة	响应，答应
اتّجه اتّجاها الى	朝向；转向；倾向
أصلح إصلاحا الشيء	修理；改良，改善
تصبّب تصبّبا الماء من فوق	往下淌

附：相关译文

第三课 公寓房

对话一

空 房

承租人：劳驾请问，谁管这栋房子？

出租人：说说你想做什么？我会帮助你的，我是房主的代理。

承租人：我看到了"公寓出租"的招牌，如果合适的话，我想租下来。

出租人：你想租几室的？

承租人：五室的。

出租人：有你想要的，我们有四室和五室的。

承租人：在哪一层？

出租人：在二层有五室的，在三层有四室的。走，我们先坐电梯去二层。

承租人：不，我想走楼梯，看看楼里的情况。

出租人：随你，请。这是入口，宽敞明亮，楼梯是白色大理石的。到二层了，这就是那套房子，7 号，有两个工人正在打扫它。

承租人：门厅挺窄的。

出租人：门厅直通宽敞的大厅，拉一个帘子，一家人就可以把这儿当餐厅。这是第一个房间，可以用来接待客人。它有一个大阳台，冬天可以用玻璃把它封起来。

承租人：其他的房间在哪儿？

出租人：在里面，离门厅较远，两间在右边，两间在左边。

承租人：我想看看厨房和卫生间。

出租人：你在门厅已经看到了一个小卫生间，在这里你会看到一个大卫生间，里面有一个大浴缸，一个洗脸池，所有设备我们都配备好了，特别是热水器。

承租人：剩下的就是我要了解一下房租是多少。

出租人：我可以理解为你对这套房很满意了？

承租人：是的，我喜欢它，的确是一套漂亮的房子。

出租人：我们会谈妥的，但愿如此。

对话二

带家具的公寓

出租人：请进，你将看到公寓完全符合你的要求。

承租人：可是，这房子是不是有点儿高？

出租人：十层是（人们）所希望的（楼层），因为它远离噪音和灰尘。

承租人：可如果电梯坏了怎么办？

出租人：大楼有两部新电梯有序地运行，这方面你就放心吧。

承租人：有几间卧室？

出租人：有两间宽敞的卧室，每间里面都有大床、衣柜和镜子。

承租人：这两间屋子的确很合适。

出租人：这是起居室，有四把椅子、两个沙发，那个电视是彩色的；地面如你所见都铺上了机织地毯。

承租人：起居室里有电话吗？

出租人：当然，每个房间都有分机。

承租人：厨房和卫生间在哪儿？

出租人：就在两间卧室前面，厨房很大，也可用来进餐。

承租人：真好，厨具齐全吗？

出租人：厨房备有一个电灶、一个大冰箱和所有必需的用具。

承租人：市场离这儿近吗？

出租人：隔壁楼的底层有一个中心市场（超市），蔬菜水果市场在街口。

承租人：太好了，我什么时候能见见楼房的代理？

出租人：现在就行，他的办公室在一层。

承租人：让我们去他那里交定金吧。

短文

哪一个更好

许多人都选择租高楼中的高层公寓，因为这样的公寓远离噪音，住在里面的居民不会抱怨夏天的炎热或冬天的严寒，还可享受徐徐的清风和清新的空气；夜晚坐在阳台上，亦可享受灯光通明的城市美景。

但白德尔丁却另有看法。白德尔丁在一幢高楼的十层租过一套漂亮的公寓，白德尔丁很胖，绝不喜欢爬楼梯，他有时下班很晚，那时居民们都已不使用电梯了。他一旦回到公寓就不再想下来，除非有重要的事情。

在炎热的一天，白德尔丁下班出了门，当他坐上车时，车没有动地儿，他试着打火，车不着，没反应。于是他扔下车步行回家，他住的大楼并不远。

他来到楼前，并不觉得累。他走向电梯，电梯门开着，他走进去，关上门，可电梯没动。门卫告诉他，电梯要停运两个小时才能维修好。

白德尔丁只好爬楼梯。这是他第一次爬楼梯，汗水从他额头上流下来，他感到很累。他一层一层地爬着，感谢真主，他总算平安地爬到了十层。他走向公寓门，在他要按铃时，他看见门上贴着一张纸，上面是儿子的笔迹，写着：我们在舅舅家等你,他今天旅行回来了。

从那天起,他便开始寻找一套大楼底层的公寓。

الدرس الرابع الإسكان الجامعيّ

النصّ ١

السكن في المدينة الجامعيّة السعوديّة

تبذل الجامعات السعوديّة جهودا كبيرة وأموالا طائلة لتيسّر أسباب العلم لطلاّبها، فهي تبني المؤسّسات العلميّة على أحدث طراز، كما تزوّدها بالمختبرات العلميّة والأجهزة الحديثة والوسائل المعيّنة على اختلاف أنواعها. وهي تحسن إعداد العلماء والمختصّين الّذين يقومون بالتدريس، وتوفدهم في بعثات خارجيّة، كما تحضّر الأساتذة والخبراء لتزويد الطلاّب بأحدث ما وصل إليه البحث العلميّ.

ولا يقتصر الأمر على ذلك، بل إنّ الجامعات الآن تمكّن الطالب من تحصيل العلم في راحة ومتعة ودون عناء، وقد أصبحت الجامعات حريصة على وقت الطالب، فلا يضيع فيما لا يعود عليه بالفائدة.

وهي تعتني بالطلاّب صحّيا ونفسيّا وبدنيّا، من أجل ذلك تبني الجامعات الوحدات السكنيّة للطلاّب، فتقيم المدن الجامعيّة، وتختار لها الموقع الملائم بعيدا عن العمران وعن ازدحام السكّان.

وتتكوّن المدينة الجامعيّة من وحدات سكنيّة ومسجد لتأدية الصلوات الخمس وقاعة كبيرة للمحاضرات العامّة ووحدة علاجيّة

وسوق مركزيّ وصالة واسعة للطعام حيث يتناول فيها الطلاّب الوجبات الثلاث، وهناك مكان خاصّ للحفلات وممارسة الهوايات. ويتوفّر في هذه الأبنية جمال الشكل وسهولة الإشراف وحسن الرعاية وسرعة الاتّصال.

وتتكوّن الوحدة السكنيّة من عدّة أدوار، وبكلّ دور عدد مناسب من الغرف والحمّامات ودورات المياه ومطابخ صغيرة لإعداد وجبات خفيفة، وفي كلّ دور صالة مناسبة للجلوس ولاستقبال الزائرين. وهذه الوحدات السكنيّة مؤثّثة تأثيثا جميلا ومريحا، فهناك مكاتب لاستذكار وإعداد الدروس ورفوف لرصّ الكتب، وخزانات لحفظ الملابس. كما أنّ أرضيّة الحجرات مفروشة ببساط جميل.

وفي المدينة الجامعيّة يجد الطالب كلّ ما يحتاج إليه من أنواع الغذاء الروحيّ والعقليّ والبدنيّ. والمجال متّسع ليشارك الطالب في أنواع النشاطات المختلفة ليروّح عن نفسه وليظهر مواهبه. كما أنّ الملاعب الرياضيّة قريبة من المدينة الجامعيّة حتّى ينتقل إليها الطلاّب في يسر وسهولة، وهذا يشجّع أكبر عدد من الطلاّب على الاشتراك في هذا النشاط الرياضيّ، لأنّ العقل السليم في الجسم السليم.

ومن هنا فالإقامة في المدينة الجامعيّة تساعد الطالب على تأدية واجبه نحو ربّه ونحو نفسه ونحو وطنه، وتساعد على نموّه نموّا روحيّا وعقليّا وبدنيّا، ولا تجعله يشعر بالملل والضيق، وإنّما يقبل على دروسه في جدّ واجتهاد، لأنّ الشباب مصدر قوّة الأمّة وأساس نهضتها.

المفردات الجديدة

إسكان	居住，住宿
طائل م طائلة	巨大的，庞大的；可怕的
طراز ج طرز	形式，式样，模样
زوّده تزويدا بكذا	供给；装备
مختبر ج مختبرات	实验室，化验室
أعدّ إعدادا الأمر أو الشيء	准备，预备，安排
مختصّ ج مختصّون م مختصّة	专门的；有关……的
أوفد إيفادا فلانا الى	派遣
بعثة ج بعثات	代表团，使团
خبير ج خبراء	专家；有经验的
عناء	劳累，辛苦，艰难
ضيّع تضييعا الشيء	丢掉，损失，浪费；错过（机会）
نفسيّ م نفسيّة	精神的，心理的
وحدة ج وحدات	单位；统一，团结
سكنيّ م سكنيّة	居住的
ملائم جـ ملائمة	适宜的，适当的，合适的
عمران	建筑，建设，文明；兴盛，繁荣
صلاة ج صلوات	礼拜，祷告
هواية ج هوايات	爱好，偏好

توفّرت توفّرا فيه الشروط	条件具备
مؤثّث م مؤثّثة	设有家具的
أثّث تأثيثا البيت	布置房屋，陈设家具
رفّ ج رفوف	架子，搁板
رصّ ـُ رصّا الشيء	铺，排
أرضيّة	地面，地板
بساط ج بسط	地毯
ملّ ـَـُ مللا الشيء أو منه	厌烦，厌倦

النصّ ٢

جهاز العروس

من العادات الّتي كانت متّبعة في بعض البلاد العربيّة أنّ العروس حين تقبض صداقها وتشتري أثاث بيتها يحمل هذا الأثاث على عربات تجرّها الخيل، تسير هذه العربات في شوارع المدينة، ويتقدّمها فريق من العازفين حتّى يصل هذا الموكب إلى بيت الزوجيّة، وهناك يقوم أهل العروس بفرش البيت وترتيب الأثاث على أنغام الموسيقى.

أمّا في القرى فكان هذا الأثاث يحمل على الجمال، ويصحب هذا الموكب مجموعة من النساء من أهل العروس في الهوادج، وتسير هذه الجمال بما تحمله في طرقات القرية حتّى تصل إلى بيت الزوجيّة، فتقوم النساء بإعداد البيت لاستقبال العروسين ليلة الزفاف.

أمّا في أيّامنا الحاضرة فإنّ هذه العادات صارت قليلة، لا نشاهدها في المدينة، ولكن أحيانا نراها في القرى حيث لا يترك الناس ما تعوّدوا عليه بسرعة.

المفردات الجديدة

متّبع م متّبعة	通用的，人们遵守的
عروس وعروسة جـ عرائس	新娘
صداق جـ أصدقة وصدق	彩礼，嫁妆
خيل جـ خيول	马，马群，马队
عازف جـ عازفون	演奏者，乐师，音乐家
موكب جـ مواكب	队伍，队列，行列
زوجيّة	结婚，婚姻
فرَش ـِـ فَرْشا الشيء	铺开，展开
نغم جـ أنغام	曲调，旋律
جمل جـ جمال	骆驼
هودج جـ هوادج	驼轿
تعوّد تعوّدا الأمر	习惯于……

الدرس الرابع • الإسكان الجامعيّ

附：相关译文

第四课 住 校

短文一

沙特大学城

沙特各大学付出巨大努力和巨额资金为学生们求学提供便利条件。学校建造最现代化的科研设施，并配备科研实验室、现代化仪器以及各种相关的设备。学校很好地培养从事教学的学者和专业人员，派他们出国学习；同时聘请教师和专家为学生们提供最新的科学研究成果。

不仅如此，学校现在能够使学生轻松愉快地获得知识；学校很珍惜学生的时间，不会把时间浪费在不能给学生带来益处的事情上。

学校在健康、心理和身体方面关心学生，为此，学校为学生们建造宿舍，建立大学城，并为它挑选合适的地点，远离其他建筑和居民区的拥挤。

大学城里有若干宿舍楼、一座用来完成每天五次祷告的清真寺、一个听报告的大礼堂、一个诊所、一家超市以及一个大餐厅，学生们一日三餐都在那里吃，还有一个专用来举办晚会和从事业余爱好的场所。这些建筑造型美观，监督便利,管理良好,相互之间往来快捷。

每栋宿舍楼都是多层的,每一层都有一些相应的房间、浴室、卫生间以及用来做便餐的小厨房,还有一个厅,用来小憩和接待来访者。宿舍里都有漂亮舒适的家具,有用来预习和复习功课的书桌,有放书的书架,有挂衣服的橱柜。房间地上还铺了漂亮的地毯。

在大学城里,学生们可以得到他们精神和身体所需的各种食粮。那里地方宽敞,学生们可参加各种活动来消遣和展示自己的才华。运动场离大学城很近,学生们去那里很方便,这可以促使大多数学生参加体育活动,因为健全的头脑是寓于健康的体魄之中的。

由此,住在大学城有助于学生履行他对父母、对自己、对祖国的义务,有助于他在德、智、体方面的成长,不仅不会使他感到厌烦和郁闷,反而会促使他努力地学习。青年是民族力量的源泉,是民族振兴的基础。

短文二

嫁 妆

在一些阿拉伯国家有这样的习惯:新娘接受了彩礼,并为她的新家购置家具后,要把家具驮在马车上,在城市的大街上行进，车前面要有一队乐手演奏，直到新房，在那里，新娘的家人要和着音乐布置房间，摆放家具。

在农村，这些家具是由骆驼驮着，伴随着行进队伍的是乘着驮轿的新娘的女眷，骆驼驮着家具走在乡间的路上，直到新房，然后她们将布置新家，准备在婚礼之夜迎接新郎和新娘。

现在这些传统有了一些改变，在城市里已看不到了，但在农村有时仍会见到，因为那里的人们不会很快地丢掉他们的传统习惯。

الدرس الخامس حمامة بيضاء (١)

برنامج خاصّ في الذكرى التاسعة والعشرين لثورة يوليو المجيدة، كتبه للإذاعة عبد المنعم شميس، إخراج علاء الدين محمود.

الأشخاص

ز — الزائر لمصر

زز — زوجة الزائر لمصر

ص — الصديق المستقبل

م — مهندس البترول

زم — زوجة مهندس البترول

ع — عامل

ز: الطائرة تقترب من القاهرة، انظري، انظري من النافذة.

زز: أخيرا، أخيرا تحقّقت أحلامي يا عزيزي، لقد عبرنا البحر، هذا بساط أخضر لم أر مثله في حياتي، إنّه مشقوق بخيوط فضيّة. آه!

43 الدرس الخامس ◆ حمامة بيضاء (١)

أمامي خيط كبير وخيوط صغيرة كلّها تلمع في شعاع الشمس وسط البساط الأخضر.

ز: وهذا فرع الرشيد أحد فرعي النيل، ومن حوله ترع وقنوات، وعلى الجانب الشرقيّ فرع دمياط.

زز: أنت تعرف جيّدا كلّ شيء عن مصر.

ز: هذه هي زيارتي الرابعة منذ سنة ١٩٥٢.

زز: آه، من شرب من ماء النيل عاد إليه.

ز: وستعودين إليه كما عدت أنا. عندي لك مفاجأة.

زز: مفاجأة؟ أيّة مفاجأة؟

ز: في القاهرة سنقيم في فندق تطلّ نافذته على شاطئ النيل.

زز: آه!

ز: وفي أسوان سنقيم في فندق عائم على أمواج النيل أيضا.

ص: السلام عليكم ومرحبا، مرحبا بكما في القاهرة!

زز: شكرا!

ز: وعليكم السلام، أهلا وسهلا! أتعبت نفسك وانتظرتني أيّها الصديق؟

ص: كلاّ، بل أنا سعيد بعودة لقائي معك.

ز: ومع زوجتي، هذه أوّل مرّة تزور فيها مصر.

ص: أهلا ومرحبا!

زز: أهلا بك.

ز: صديقي المصريّ الّذي حدّثتك عنه، ومن خير المثقّفين الّذين

عرفتهم.
زز: كم أنا سعيدة بلقائك أيّها الصديق.
ص: ومصر تسعد بلقاء أحبابها يا سيّدتي، مرحبا بكما في القاهرة!
زز: شكرا!
زز: آه! هذا أجمل ليل رأيته يا عزيزي.
ز: آه، ماذا رأيت يا عزيزتي؟
زز: هذا القمر زورق ناصع البياض يسبح فوق موج كأنّه أنغام ترقص على صدر هذا النهر.
ز: ها... هذا النهر يا عزيزتي قامت على شاطئيه أوّل حضارة في حياة البشر منذ سبعة آلاف سنة، له زهو باهر وله بريق ساحر.
زز: هذا تاريخ قديم قرأته في الكتب، وأحبّ أن أراه هنا في مصر ينبض بالحياة، باختصار أريد رؤية الماضي الّذي أعرف عنه الكثير بقدرما أريد التعرّف على الحاضر.
ز: باختصار تريدين معرفة التاريخ الجديد؟
زز: نعم.

"يوم الثالث والعشرين من شهر يوليو عام ١٩٥٢"
ص: آه، هذا يوم لا تنساه مصر يا سيّدتي.
زز: حدّثني ماذا حدث في هذا اليوم؟
ص: عند مطلع الفجر تحرّكت قوّات من الجيش لتضع حدّا فاصلا بين الظلام والنور، ولكن كيف؟ ألم يحدّثك زوجك عنها؟

زز: نعم، حدّثني ولكنّني ظننت أنّها مجرّد انقلاب عسكريّ.

ص: لا، بل ثورة شعبيّة، وسأحكي لك الحكاية. فعندما طلعت الشمس التحمت قوى الشعب بطلائع الجيش، ولم تكن قوّات مسلّحة في هذا اليوم غير طلائع الثورة.

ز: أنا كنت في مصر عندما قامت الثورة، وقد شاهدت حريق القاهرة في اليوم السادس والعشرين من شهر يناير سنة ١٩٥٢، آه هذه حكاية طويلة سبقت ثورة يوليو.

زز: كانت هناك أسباب لقيام هذه الثورة؟

ص: نعم يا سيّدتي أسباب كثيرة.

ز: دعنا من الأسباب حدّثنا عن النتائج.

ص: قبل هذا الحديث أريد أن أقول لك يا سيّدتي إنّ هذه الثورة كانت بيضاء لم ترق فيها نقطة دم واحدة، كانت حمامة بيضاء رفرفت بجناحيها على شاطئ النيل.

ز: هذه حقيقة فعلا كانت حمامة بيضاء.

زز: مشهد جميل، صفوه لي، صفوا لي الحمامة البيضاء.

المفردات الجديدة

عبَرَ ـُ عبورا النهر أو غيره	越过，渡
مشقوق	有裂痕的，被劈开的
خيط جـ خيوط	线
لَمَع ـَ لمعا ولمعانا الشيء	闪烁，闪光

الرشيد	拉希德
النيل	尼罗河
ترعة جـ ترع	水渠，沟渠
قناة جـ قنوات	运河，水渠，渠道；管道
دمياط	迪米亚特
مفاجأة جـ مفاجآت	意外，突发事件；惊喜
أسوان	阿斯旺
عائم م عائمة	泅水者；漂浮的
موج جـ أمواج	波浪，浪涛
حبيب جـ أحبّاء وأحباب م حبيبة	亲爱的；情人
ناصع البياض	雪白的，洁白的
البشر	人，人类
باهر م باهرة	光辉的，灿烂的，辉煌的
بريق	闪光，光亮
نَبَض ـِ نبضا العرق	跳动，搏动
باختصار	简言之，简略地
بقدرما...	像……那样
مطلع الفجر	破晓
وضع حدّا للأمر	停止，结束
فاصل م فاصلة	决定性的
مجرّد	单纯的，简单的

الدرس الخامس • حمامة بيضاء (١)

الانقلاب العسكريّ	军事政变
التحم التحاما الشيء	粘住，结合
طليعة جـ طلائع	先锋，先锋队
قوّات مسلّحة	武装部队
حريق	起火，火灾
ودع يدَع ودعا الشيء	放；让
أراق إراقة الدم	流血，使流血
مشهد جـ مشاهد	场面，场景

أجب عن الأسئلة الآتية

ما اسم هذه التمثيليّة الإذاعيّة؟

كم شخصا في هذه القطعة من التمثيليّة؟

كيف وصفت الزوجة أرض مصر؟

ماذا تقصد بـ"خيط كبير وخيوط صغيرة"؟

أين سيقيمان في القاهرة و في أسوان؟

كيف وصفت الزوجة القمر؟

ماذا تريد الزوجة أن تعرف عن مصر؟

ماذا حدث في يوم الثالث والعشرين من شهر يوليو عام ١٩٥٢؟

متى بدأت الثورة؟

هل هي مجرّد انقلاب عسكريّ؟

لماذا وصف الزوج هذه الثورة بأنّها حمامة بيضاء؟

附：相关译文

第五课 白鸽（一）

纪念光荣的"7·23"革命29周年专题节目，广播剧作者阿卜杜勒·穆伊姆·沙密斯，导演阿拉丁·马哈茂德。

人物

访者——访埃者

访妻——访埃者之妻

朋友——接待的朋友

工程师——石油工程师

工妻——石油工程师之妻

工人

访者：飞机快到开罗了，快看，快从窗户往外看！

访妻：亲爱的，终于，我的梦想终于实现了。我们已经飞过了大海，这是一块碧绿的、我一生中从未见过的地毯，它被一些银线分割开。啊！我眼前有一条大的线条和一些小的线条，它们在阳光下闪烁在碧绿的地毯上。

访者：这是拉希德支流，是尼罗河两条支流中的一条，它的周围是许多渠道，东边是迪米亚特支流。

访妻：你对埃及了如指掌啊！

访者：这是我自1952年以来第四次访问埃及。

访妻：啊，不论谁喝了尼罗河水，都还会回来的。

访者：就像我回来一样，你也会再回来的。我要给你一个惊喜。

访妻：惊喜？什么惊喜？

访者：在开罗，我们将下榻一家能俯瞰尼罗河的旅馆。

访妻：啊！

访者：在阿斯旺，我们还将下榻一家漂浮在尼罗河波涛上的旅馆。

朋友：你们好！欢迎，欢迎你俩来到开罗！

访妻：谢谢！

访者：你好！你好！朋友，在这儿等我让你受累了？

朋友：不不，与你再次相会我很高兴。

访者：还与我妻子见面，她这是第一次访问埃及。

朋友：你好！欢迎！

访妻：你好！

访者：我向你谈到的我的这位埃及朋友，是我认识的知识分子当中最出色的一位。

访妻：朋友，见到你我真高兴！

朋友：夫人，埃及对与朋友们相会深感荣幸！

访妻：谢谢！

访妻：亲爱的，这是我见到的最美好的夜晚！

访者：亲爱的，你看到了什么？

访妻：月亮像一艘雪白的小艇，游弋在波浪之上，就像在河中欢舞的乐章。

访者：亲爱的，在这条河的两岸，曾建立过自七千年以来的人类第一个文明，这文明灿烂辉煌、神奇无比。

访妻：这是我从书本上读到的古代史，我希望在这里——埃及看到她生机勃勃，简言之，我想看看我熟知的过去，同时也想了解现在。

访者：简而言之，你想了解新的历史？

访妻：是的。

"1952 年 7 月 23 日"

朋友：夫人，这是埃及不会忘记的日子。

访妻：请给我谈谈在这一天发生了什么？

朋友：黎明时分，为结束黑暗、迎接光明，军队行动了。但如何行动呢？你丈夫没对你讲吗？

访妻：对我讲过，但我一直认为它只是一次军事政变。

朋友：不，那是一场人民革命，我将给你讲讲。当太阳升起时，人民的力量与军队的先锋队汇合了，在这一天，

الدرس الخامس ♦ حمامة بيضاء (١)

武装部队只是革命的先锋队。

访者：革命爆发时我正好在埃及，我目睹了1952年1月26日的开罗大火，这是一个很长的故事，它发生在革命前。

访妻：爆发这场革命一定有许多原因了？

朋友：是的，夫人，有许多原因。

访者：我们别管原因了，请给我们谈谈结果吧。

朋友：在谈之前，夫人，我想先告诉你，这次革命是没流一滴血的白色革命，它是一只白鸽，展开双翼在尼罗河畔飞翔。

访者：这是事实，它的确是一只白鸽。

访妻：多美的景象啊！请给我描述一下，描述一下这只白鸽。

回答下列问题

这个广播剧叫什么名字？

在这一段中有几个人物？

访问者的妻子是如何描绘埃及的大地的？

她所说的"一条大的线条和一些小的线条"是指什么？

他俩在开罗和阿斯旺将在何处下榻？

妻子是如何描述月亮的？

妻子想了解埃及的什么？

1952 年 7 月 23 日发生了什么？

革命什么时候开始的？

它仅仅是一次军事政变吗？

丈夫为什么把这次革命形容为一只白鸽？

الدرس السادس حمامة بيضاء (٢)

ص: استيقظ الناس على صوت أنور السادات في الإذاعة، فقد كان هو الّذي أعلن بيان الثورة، كان صوتا هادئا واثقا مطمئنّا.

زز: وهل كان الناس يعرفون صوت أنور السادات؟

ص: لا، ولكنّهم كانوا يعرفون أنور السادات شابّا مصريّا مناضلا من أجل الحرّيّة والاستقلال.

زز: قبل أن يعرفوه مناضلا من أجل السلام؟

ص: يا سيّدتي أقول لك إنّ المناضلين من أجل الحرّيّة والاستقلال لا بدّ من إيمانهم بالسلام، إنّها قضيّة واحدة لا تنفصل، ما هي نهاية هذه الحرب؟

زز: السلام.

ص: وكانت ثورة يوليو المصريّة ثورة بيضاء، ثورة سلام، كانت حمامة بيضاء كما قلت لك.

زز: حدّثني عن مبادئ هذه الثورة البيضاء أيّها الصديق.

ص: بل يحدّثك عنها زوجك، فلقد عاش الكثير من أحداثها.

ز: هه، إذا لم تخنّي الذاكرة فلقد قامت على ستّة مبادئ: القضاء على الاقطاع، إقامة عدالة اجتماعيّة، القضاء على الاستعمار وأعوانه،

القضاء على الاحتكار وسيطرة رأس المال على الحكم، إقامة حياة ديمقراطيّة سليمة، إقامة جيش وطنيّ قويّ.

زز: هذه مبادئ داخليّة كفيلة لتحقيق آمال الشعب المصريّ.

ص: نعم، والمبدأ السابع للثورة المصريّة هو السلام.

ز: الحرّيّة هي الطريق إلى السلام.

ص: هذه حقيقة أيّها السيّد، حرّيّة الوطن وحرّيّة المواطن. لا سلام بلا حرّيّة.

زز: هذه قضيّة كبيرة أيّها الصديق المصريّ.

ص: وتصدّت ثورة يوليو للقضايا الكبرى يا سيّدتي، تصدّت للاستعمار البريطانيّ في مصر حتّى حمل عصاه على كتفه ورحل.

ز: هذا حقّ، وقد فتحت الثورة المصريّة الباب أمام شعوب العالم الثالث للتحرّر من الاستعمار.

ص: انظري، انظري إلى خريطة أفريقيا وآسيا وأمريكا اللاتينيّة قبل ثورة يوليو المصريّة.

زز: فهمت، كانت القاهرة مركزا لكلّ حركات التحرير في عالمنا المعاصر.

ص: وحتّى لا ننسى التاريخ القريب يا سيّدتي، كانت مصر إحدى الدول المؤسّسة لحركة الحياد الايجابيّ وعدم الانحياز، وقد اشتركت في أوّل مؤتمر لهذه الحركة في بندونغ باندونيسيا سنة ١٩٥٥.

ز: لقد حملت مصر أعباء كبيرة في العالم منذ ٢٣ يوليو ١٩٥٢.

ص: ثمّ كان تأميم قناة السويس الّذي اهتزّت له الدنيا في سنة ١٩٥٦.

زز: نعم، أنا لا أنسى هذه الأيّام عندما تعرّضت مصر للعدوان الثلاثيّ.

ص: وانتصرت مصر على العدوان وانتصرت مع السلام، ثمّ بدأت في بناء السدّ العالي عند أسوان.

ز: هذا السدّ من أضخم المشروعات الّتي نفّذتها مصر في العصر الحديث.

زز: شوّقتني لزيارة هذا السدّ، عندما نذهب إلى أسوان سنزور معبد أبو سنبل أيضا.

ص: هذا عمل آخر يا سيّدتي من الأعمال العظيمة، فقد نقل هذا المعبد الضخم من مكانه إلى أعلى الجبل.

ز: هذا عمل يشبه المعجزة، فقد نقل هذا المعبد حجرا حجرا من مكانه، ثمّ أعيد تركيبه كما كان.

ص: غدا نذهب إلى أسوان.

المفردات الجديدة

أنور السادات	安瓦尔・萨达特
بيان جـ بيانات	公报，声明，宣言
مطمئنّ م مطمئنّة	安心的，放心的
استقلال	独立
آمن إيمانا بكذا	相信，信仰
انفصل انفصالا عن الشيء	脱离，分离
قضى ـِ قضاء على	消灭，根绝

اقطاع	分封，封地
عدالة	正义，公正；司法
عون جـ أعوان	助手，副手
احتكر احتكارا الشيء	垄断，专营
سيطر يسيطر سيطرة على الشيء	控制，统治
رأس مال جـ رؤوس أموال	资本
ديمقراطيّ م ديمقراطيّة	民主的
كفيل	保证人，担保人
تصدّى تصدّيا لكذا	应战，迎击
رحَل - رحلا ورحيلا الى	出发，启程，离开
أمريكا اللاتينيّة	拉丁美洲
الحياد الإيجابيّ	积极中立
عدم الانحياز	不结盟
مؤتمر جـ مؤتمرات	会议，代表大会；（记者）招待会
بندونغ	万隆
اندونيسيا	印度尼西亚
عبء جـ أعباء	负担，负荷
أمّم تأميما الشيء	国有化
اهتزّ اهتزازا	震荡，摇晃，颤动
سدّ جـ سدود	水坝
نفّذ تنفيذا الأمر	贯彻，执行，实施

شوّقه إليه	使想念，使感兴趣
أبو سنبل	艾布·辛贝勒
معجزة ج معجزات	奇迹
انعقد انعقادا المؤتمر	召开

أجب عن الأسئلة الآتية

من أعلن بيان الثورة؟

ماذا يعرف الناس عن أنور السادات عندما بدأت الثورة؟

ما مبادئ الثورة؟

هل مصر إحدى الدول المؤسّسة لحركة عدم الانحياز؟

أيّ دولة في العالم من الدول المؤسّسة لحركة عدم الانحياز أيضا؟

متى وأين انعقد أوّل مؤتمر لهذه الحركة؟

متى أمّمت قناة السويس؟

ماذا حدث في مصر بعد تأميم قناة السويس؟

ما نتيجة العدوان الثلاثيّ لمصر؟

أين يقع السدّ العالي؟

هل تعرف معبد أبو سنبل؟ ماذا تعرف عنه؟

附：相关译文

第六课 白鸽（二）

朋友：人们在广播中安瓦尔·萨达特的声音中醒来，当时是他宣读了革命宣言，他的声音平静、自信、沉着。

访妻：当时人们熟悉安瓦尔·萨达特的声音吗？

朋友：不熟悉，但是他们知道安瓦尔·萨达特是一个为自由和独立而斗争的埃及青年。

访妻：在他们知道他是为和平而斗争之前？

朋友：夫人，我跟你说，为自由和独立而斗争的人必定是信仰和平的，那是不可分割的一个事业，战争的结果是什么？

访妻：和平。

朋友：埃及的七月革命是一次白色革命，和平的革命，它正如我对你说的，是一只白鸽。

访妻：朋友，请给我讲讲这次白色革命的原则。

朋友：请你丈夫给你讲吧，他经历了革命的许多事件。

访者：如果我记得不错的话，革命是建立在六项原则之上：消灭封建，建立社会公正，消灭殖民主义及其走狗，消灭垄断及资本对政权的控制，建立健全的民主生活，建立强大的国家军队。

访妻：这是足以保证实现埃及人民愿望的对内原则。

朋友：是的，埃及革命的第七项原则就是和平。

访者：自由是通向和平之路。

朋友：先生，这是事实，国家的自由，国民的自由，没有自由就没有和平。

访妻：埃及朋友，这是一项伟大的事业。

朋友：夫人，七月革命还致力于一些更伟大的事业，它反对在埃及的英国殖民主义，直到其扛着拐杖离开。

访者：这是事实，埃及革命为第三世界人民打开了从殖民主义统治中获得解放的大门。

朋友：请看，请看看七月革命之前非洲、亚洲和拉丁美洲的格局。

访妻：我明白了，开罗曾是当今世界上一切解放运动的中心。

朋友：夫人，我们不要忘记最近的历史，埃及曾是积极中立和不结盟运动的发起国之一，它曾参加了1955年在印度尼西亚的万隆召开的这一运动的第一次大会。

访者：自1952年7月23日以来，埃及在世界上承担了许多重大的义务。

朋友：然后是1956年震撼世界的苏伊士运河国有化。

访妻：是的，我不会忘记那些日子，当时埃及遭受了三国侵略。

朋友：埃及战胜了侵略，赢得了和平，然后开始了阿斯旺高坝的建设。

访者：这个大坝是埃及现代实施的最大的工程之一。

访妻：我真想去参观这个大坝。我们去阿斯旺时，还要去看看艾布·辛贝勒神庙。

朋友：夫人，这是另一个伟大的杰作，这座大神庙从它的原地被搬到了山顶上。

访者：这是一个近乎奇迹的杰作，这座神庙是一块一块石头被搬走，然后按照原样重新建造起来的。

朋友：明天我们就去阿斯旺。

回答下列问题

谁宣读了革命宣言？

当革命发生时，人们对安瓦尔·萨达特都了解些什么？

革命的原则是什么？

埃及是不结盟运动的发起国之一吗？

世界上还有哪个国家是不结盟运动的发起国？

这一运动的第一次会议是何时、何地召开的？

苏伊士运河是什么时候国有化的？

苏伊士运河国有化后在埃及发生了什么？

三国对埃及侵略的结果是什么？

高水坝位于何处？

你知道艾布·辛贝勒神庙吗？关于它你了解些什么？

الدرس السابع حمامة بيضاء (٣)

زز: هذا الزورق الّذي عبرنا به إلى شاطئ هذه الجزيرة الساحرة جزيرة النباتات في أسوان جعلني أحسّ بأنّني أعيش مع التاريخ القديم العريق.

ص: وعندما نذهب إلى معبد أبو سنبل ستشاهدين التاريخ يا سيّدتي، وستجدين هناك الحاضر أيضا في بحيرة السدّ العالي. هنا في مصر يمتزج القديم بالجديد في رحلة جديدة من أجل اعادة بناء الحضارة.

ز: هذه حقيقة ولكنّ هناك حقيقة أخرى يا صديقي، يجب علينا أن نصل إلى أبو سنبل قبل شروق الشمس.

زز: لماذا يا عزيزي؟

ز: حتّى نرى شعاع الشمس ساعة الشروق وهو يمتدّ حتّى يصل إلى قاعة العرش في آخر أعماق المعبد قدس الأقداس، هذا مشهد لا يتكرّر يا عزيزتي، إنّه معجزة هذا المعبد النادر، هناك سنرى كيف التقى علم الفلك بعلم الهندسة.

زز: كلّ شيء في هذه البلاد يربط بين الأرض والسماء حتّى في المعابد والأهرامات.

ص: وكانت مصر أوّل بلد في الدنيا عرفت التوحيد يا سيّدتي.

ز: نعم نعم، كان أخناتون أوّل من دعا للتوحيد.

زز: آه، لو كان الأمر بيدي لبقيت في أسوان أيّاما أخرى.

ز: يا عزيزتي أمامنا برنامج لرحلتنا، غدا سنعود إلى القاهرة، وبعد غد نذهب إلى السويس.

زز: مشهد رائع، السفن تعبر قناة السويس وكأنّها هي الأخرى حمامات بيضاء تسبح في الماء.

ص: كلّ شيء في مصر يا سيّدتي يغنّي للسلام.

ز: وهذه القناة دارت من حولها حروب، ولكنّها عادت إلى السلام.

ص: واليوم أصبحت قناة السويس أعظم وأكبر، لقد تمّت فيها مشروعات كثيرة جعلتها أقدر على خدمة الملاحة العالميّة.

زز: حدث هذا بعد انتصار أكتوبر ١٩٧٣؟

ص: نعم، ولكن قبل هذا الانتصار حدثت ثورة مايو سنة ١٩٧١.

زز: كيف؟ حدّثني عن هذه الثورة.

ص: لا تسبقي الأحداث يا سيّدتي، نحن مدعوّون الآن للغداء على مائدة الصديق لي من أهل السويس.

ز: آه، هذه مفاجأة.

زز: سعيدة أليس كذلك؟

ص: نعم، صديقي هذا مهندس بترول، سنذهب إليه الآن، إنّه في انتظارنا.

م: أهلا ومرحبا!

ز: ها... يا سلام! أجمل كلمة نسمعها دائما في مصر أهلا ومرحبا.

زم: ها... تفضّلوا، تفضّلوا.

زز: شكرا.

ص: هذه مدينة السويس تحكي لنا كلّ حكايات مصر، ونحن اليوم على موعد من الحديث حول هذه المائدة الشهيّة.

زز: كنّا نتحدّث منذ لحظة عن ثورة مايو ١٩٧١.

م: آه، ثورة التصحيح لثورة يوليو.

ص: فلنؤجّل هذا الحديث حتّى نتناول هذا الطعام الّذي أشمّ رائحته من بعيد.

م: لماذا؟

ز: إنّ أشهى الحديث يكون دائما مع أشهى الطعام أليس كذلك يا عزيزتي؟

زز: نأخذ الأصوات، هذه هي الديمقراطيّة.

م: وهذه هي القضيّة الأساسيّة لثورة مايو التصحيحيّة يا سيّدتي، تفضّلوا إلى المائدة.

زز: توافقون؟

ص: بالإجماع، طعام شهيّ وحديث شهيّ.

زم: أرجو أن يعجبكم الطعام.

زز: والكلام.

م: يا سيّدتي أنا مهندس بترول، وقد عشت كلّ أحداث مصر هنا في السويس منذ قيام ثورة ٢٣ يوليو حتّى اليوم، تسعة وعشرون عاما

حدثت فيها أحداث وأحداث.

زم: شاهدنا فيها قناة السويس تغلق مرّتين في سنة ١٩٥٦ وفي سنة ١٩٦٧، شاهدنا الهزيمة وشاهدنا النصر.

م: كانت ثورة يوليو بداية الطريق، وكانت لها مبادئ عظيمة يكفي أنّها حقّقت للشعب المصريّ أملا كان يسعى إلى تحقيقه خلال سنوات طويلة.

زز: أيّ أمل؟

م: حرّيّة المواطن، أصبح العامل والفلاّح لهما حقّ المواطن بغير دماء، بالعدل والحقّ، وتمّت عمليّة إذابة الفوارق بين الطبقات بطريقة سلميّة تعتبر الرائد في حياة الإنسان المعاصر.

ز: في العالم الثالث؟

م: نعم.

زم: كان العامل في شركات البترول أو في شركات قناة السويس لا يملك حقّه، فردّت له ثورة يوليو كلّ حقوقه.

م: ووصل أبناء العمّال والفلاّحين إلى التعليم الجامعيّ، وخرج منهم مهندسون وأطبّاء ومحامون وغيرهم بعد مجّانيّة التعليم.

ز: هذا من مكاسب ثورة ٢٣ يوليو.

المفردات الجديدة

امتزج امتزاجا بكذا	掺杂，与……混合
عرش جـ عروش	王位，宝座

قدس الأقداس	最神圣的地方
تكرّر تكرّرا الأمر	重复，反复
علم الفلك	天文学
علم الهندسة	工程学
هرم جـ أهرام	金字塔
أهرام جـ أهرامات	金字塔群
التوحيد	一神教
أخناتون	艾赫纳顿
ملاحة	航海，航行，航运
بترول	石油
صحّح تصحيحا الشيء	改正，纠正，修改
أجّل تأجيلا الأمر	推迟，延期
أخذ الأصوات	表决
أساسيّ م أساسيّة	基本的，根本的，主要的
بالإجماع	一致同意地
هزيمة جـ هزائم	失败
عمليّة جـ عمليّات	行动，工序，过程
أذاب يذيب إذابة الشيء	使融化，使溶化
فارقة جـ فوارق	差异，差别
شركة جـ شركات	公司
محام (المحامي) جـ محامون م محامية	律师

مجّانيّة 免费

مكسب جـ مكاسب 收获，收益，利润

أجب عن الأسئلة الآتية

١. أين تقع جزيرة النباتات وبحيرة السدّ العالي؟

٢. لمذا يجب على الزائر وزوجته أن يصلا إلى أبو سنبل قبل شروق الشمس؟

٣. هل أخناتون أوّل من دعا للتوحيد في مصر؟

٤. إلى أين سيذهب الزائر وزوجته بعد زيارة أسوان؟

٥. كيف تصف زوجة الزائر عبور السفن لقناة السويس؟

٦. ما الثورة الّتى حدثت قبل انتصار أكتوبر ١٩٧٣؟

٧. ما أجمل كلمة يسمعها دائما الزائر وزوجته في مصر؟

٨. ما هي القضيّة الأساسيّة لثورة مايو التصحيحيّة؟

٩. ما الأمل الّذي كان الشعب المصريّ يسعى إلى تحقيقه خلال سنوات طويلة؟

١٠. ما مكاسب ثورة ٢٣ يوليو في مصر؟

附：相关译文

第七课 白鸽（三）

访妻： 这个把我们渡到阿斯旺迷人的植物岛畔的小船使我感到，我好像生活在悠久的古代历史中。

朋友： 当我们到达艾布·辛贝勒神庙时，你将会看到历史，在高坝湖你还将看到现在。在埃及，在重建文明的新的历程中古老与崭新相融合。

访者： 这是一个事实，但还有另外一个事实，我的朋友，我们应该在日出前到达艾布·辛贝勒神庙。

访妻： 亲爱的，为什么？

访者： 为了看到日出时阳光照射到神庙最深处王位大厅最神圣的地方，亲爱的，这一景象是不会屡次重复的，它是这座罕见神庙的奇迹，在那里我们将看到天文学是如何与几何学相结合的。

访妻： 这个国家里的每一种事物都与天地相关联，甚至神庙和金字塔也是如此。

朋友： 夫人，埃及是世界上第一个懂得一神教的国家。

访者： 是的，艾赫纳顿是第一个主张一神教的。

访妻： 如果让我决定的话，我将在阿斯旺多留几天。

访者： 亲爱的，我们的旅程是有计划的，明天我们将回开罗，后天我们要去苏伊士。

访妻：多美的的景色啊！轮船通过苏伊士运河，就好像是另外一些白鸽游弋于水中。

朋友：夫人，埃及的每一样事物都在为和平歌唱。

访者：这条运河，围绕着它曾发生过多次战争，但它最终还是重归和平。

朋友：如今，苏伊士运河变得更加伟大，它的许多工程都已完工，这些工程使它能更好地为世界航运服务。

访妻：这都发生在 1973 年十月战争胜利之后吧？

朋友：是的，但在此之前，还发生了 1971 年的五月革命。

访妻：如何发生的？请给我讲讲这次革命。

朋友：夫人，你不要着急。我们现在应邀到我的一位苏伊士朋友家去吃午饭。

访者：啊，这可是个惊喜。

访妻：很愉快，不是吗？

朋友：是的，我的这位朋友是一个石油工程师，我们现在就去他那儿，他正等着我们呢。

工程师：你们好！欢迎！

访者：天啊！我们在埃及常听到的最美好的话就是“你们好、欢迎”。

工妻：哈哈，请！请！

访妻：　谢谢！

朋友：　这是苏伊士城，它给我们讲述着埃及所有的故事，今天我们就围着这桌美味来聊聊吧。

访妻：　刚才我们正在谈论 1971 年的五月革命。

工程师：噢，七月革命的纠正革命。

朋友：　让我们把谈话推到吃饭的时候吧，我远远闻到饭菜的香味了。

工程师：为什么？

访者：　最有趣味的谈话往往伴随着最美味的食品，是不是亲爱的？

访妻：　我们表决吧，这也是民主啊。

工程师：夫人，这正是五月纠正革命的基本内容，请入席吧。

访妻：　都同意吗？

朋友：　一致同意，美食和趣谈。

工妻：　希望你们喜欢这饭。

访妻：　还有谈话。

工程师：夫人，我是一个石油工程师，从 1952 年“7・23”革命至今，我在苏伊士经历了埃及发生的所有事件，在这 29 年里，发生了许许多多的事情。

工妻：　其中，我们看到苏伊士运河在 1956 年和 1967 年两次关闭，我们目睹了失败，也看到了胜利。

工程师：七月革命是道路的起点，它有伟大的纲领，这些纲领足以实现埃及人民多年追求的希望。

访妻： 什么希望？

工程师：公民的自由。工人和农民无须流血，靠正义和真理便享有了公民的权利，用和平方式，消灭了阶级差别，这种方式被认为是现代人类生活的先导。

访者： 在第三世界？

工程师：是的。

工妻： 石油公司或苏伊士运河公司的工人原来没有什么权利，七月革命归还给他所有的权利。

工程师：工人、农民的子女接受了大学教育，在实行免费教育后，他们当中出现了工程师、医生、律师等。

访者： 这是"7·23"革命的成果。

回答下列问题

植物岛和高坝湖位于哪里？

访者和他妻子为什么要在日出前抵达艾布·辛贝勒神庙？

艾赫纳顿是埃及第一个主张一神教的吗？

访者和他的妻子在参观完阿斯旺后还要去哪里？

访者的妻子是如何描述轮船通过苏伊士运河的？

1973年十月战争胜利前发生了什么革命？

访者和他的妻子在埃及经常听到的最美好的话是什么?

五月纠正革命的基本内容是什么?

埃及人民多年追求实现的希望是什么?

埃及"7·23"革命的成果有什么?

الدرس الثامن حمامة بيضاء (٤)

ز: كلّ شيء يتغيّر في هذه البلاد.

زز: كيف؟

ز: أنا كنت هنا من ثلاثين سنة وشاهدت هذه القرى.

زز: حدّثني.

ز: أكواخ طين أقيمت مكانها بيوت حديثة، على أبواب البيوت سيّارات، شيء ما يحدث في مصر، اختفت الجلابيب الزرقاء، ليس هنا فلاّح واحد عليه جلباب أزرق.

زز: نحن في طريقنا إلى المصانع.

ز: هذا الشعب يقتحم الزمن وبدأ يستيقظ مرّة أخرى.

زز: هذا شعب قديم عمره سبعة آلاف سنة.

ز: ولم يمت.

زز: بابل وآشور وفينيقيا، حتّى اليونان القديمة ماتت وأصبحت في عالمنا يونان جديدة.

ز: والرومان ذهبوا أيضا، إيطاليا اليوم ليست هي إمبراطوريّة يوليوس القيصر.

زز: ولماذا بقيت مصر؟

ز: سنرى، هذا سرّ غامض، حتّى عندما طافت آثار الملك توت حول العالم وكأنّه حيّ بعد آلاف السنين.

ص: اقتربنا من مصانع كفر الدوّار. انظري يا سيّدتي، هذه مصانع الغزل والنسيج وفي احداها يعمل ابن عمّي الّذي سنزوره بعد قليل في بيته.

ع: أهلا وسهلا!

ز: ها... نفس الكلمة أهلا وسهلا!

ع: ومرحبا بكم في داري، تفضّلوا تفضّلوا.

ص: صديقنا هذا العامل كان جنديّا في حرب أكتوبر.

ع: ولي الشرف، تفضّلوا، الشاي يا أولاد.

زز: منزل عصريّ أنيق، كلّ ما فيه رائع وجميل.

ع: بوجودك يا سيّدتي، شكرا شكرا!

ز: عندما كنّا في الطريق إلى كفر الدوّار رأيت كلّ شيء يتغيّر ويتطوّر، آه لقد حدّثت زوجتي عن ذلك.

ع: نعم يا سيّدي، بعد حرب أكتوبر والانتصارات الّتي حقّقها الجيش المصريّ بدأنا حياة جديدة.

ع: الشاي، تفضّلوا بالشاي.

زز: شكرا، أنت كنت جنديّا في الحرب ماذا ترى؟

ع: نحن حاربنا من أجل السلام، أردنا تحرير أرضنا واسترداد حقوقنا، وعندما عبرنا قناة السويس وحطّمنا خطّ برّيف الحصين ودارت في سيناء معارك دبّابات شهيرة أعلن رئيسنا أنور السادات نداء

السلام.

ز: صديقنا هذا اشترك في معارك الدبّابات؟

ع: نعم، أنا كنت من فرقة الصيّادين.

ز: كنت تصطاد الدبّابات؟

ع: نعم، ما الغرابة في هذا؟ كنت أتصيّد هذه الوحوش الميكانيكيّة.

زز: كانت هذه الحرب الّتي انتصرتم فيها مفاجأة للعالم كلّه، لم يكن أحد يصدّق أنّ مصر ستدخل الحرب.

ص: بعض الناس في مصر لم يتصوّروا أنّنا سنحارب، كانت هناك أفكار تقول: "لا حرب ولا سلام".

ع: ولكن ما حدث في اليوم الخامس عشر من مايو سنة ١٩٧١ كان بدايات الانتصار الحقيقيّ للشعب المصريّ.

ز: تقصد ثورة مايو؟

ع: نعم. هذه الثورة استردّت للمواطن المصريّ كيانه ومهّدت لانتصار أكتوبر العظيم نحن لم ننتصر بقوّة السلاح وحدها.

زز: انتصرتم بالإيمان قبل السلاح.

ع: فعندما عبرنا قناة السويس ووصلنا إلى الشاطئ الآخر فوق أرض سيناء ورفعنا أعلامنا ارتفعت أصواتنا مع الأعلام المرفوعة تدوّي: الله أكبر، الله أكبر! لم تكن أصواتا من اللسان ولكنّها كانت من القلب.

ز: هذه حقيقة، وقد كانت عيون الدنيا على مصر في تلك الأيّام وظلّت عيون العالم على مصر عندما ذهب الرئيس السادات إلى

الدرس الثامن • حمامة بيضاء (٤)

القدس، وعندما ذهب إلى البرلمان الأوربيّ في لوكسمبورج لقد أصبح واحدا من أبطال السلام في التاريخ.

زز: إذن، ومن قلب المعركة رفع السادات دعوة السلام؟

ع: نعم، ومنذ تلك الأيّام المجيدة في حياتنا بدأت مصر تتحرّك نحو الغد نحو المستقبل.

ص: بدأنا بناء ما خرّبته الحرب وأعدنا بناء السويس واسماعيليّة وبور سعيد.

ع: لا تنس يا أخي ملحمة السويس الرائعة، لقد صدّت هذه المدينة الباسلة الهجوم الإسرائيليّ وأحرقت الدبّابات المعتدية على مشارفها.

ز: لك حقّ، إنّ بطولات هذه الحرب أصبحت تدرّس في المعاهد العسكريّة في بلاد كثيرة.

ع: لقد انتهت الحروب وبدأنا عهد السلام.

المفردات الجديدة

طين جـ أطيان	泥，泥土
جلباب جـ جلابيب	长衫，长袍
اقتحم اقتحاما المكان	闯入，冲进
بابل	巴比伦
آشور	亚述
فينيقيا	腓尼基
رومان	罗马人

إيطاليا	意大利
يوليوس القيصر	恺撒
كفر الدوّار	凯法尔·道瓦尔
مصنع الغزل والنسيج	纺织厂
أنيق م أنيقة	整洁的，文雅的
استردّ استردادا الشيء	收回，收复
خطّ بريّف	巴列夫防线
حصين م حصينة	坚固的，坚不可摧的
سيناء	西奈
معركة ج معارك	战斗，战役；战场
دبّابة ج دبّابات	坦克
تصيّد واصطاد الطير والحيوان	打猎，猎捕
غرابة	稀少，稀罕
وحش ج وحوش	野兽
ميكانيكيّ م ميكانيكيّة	机械的
دوّى يدوّي تدوية الرعد أوغيره	轰鸣，回响
برلمان ج برلمانات	国会，议会
لوكسمبورج	卢森堡
خرّب تخريبا الشيء	破坏，毁坏
اسماعيليّة	伊斯梅利亚
بور سعيد	塞得港

ملحمة ج ملاحم	血战；史诗
هجوم	进攻，攻击
إسرائيليّ م إسرائيليّة	以色列的
أحرق إحراقا الشيء	烧，焚烧
معتد (المعتدي) م معتدية	侵略的
مشارف المدينة	郊区
عهد ج عهود	时代；诺言，保证

أجب عن الأسئلة الآتية

ما التغيّرات الّتي وجدها الزوج في هذه البلاد؟

هل تعرف في أيّ منطقة ظهرت حضارة بابل، حضارة آشور وحضارة فينيقيا؟

أيّ مصنع سيزورون في كفر الدوار؟

هل العامل الّذي استقبلهم كان جنديّا في حرب أكتوبر؟

لماذا حاربت مصر إسرائيل؟

من أيّ فرقة كان؟

أيّ معركة اشترك في الحرب؟

ماذا يهتف الجنود عندما عبروا قناة السويس ووصلوا إلى الشاطئ الآخر فوق أرض سيناء؟

أين ذهب الرئيس المصريّ أنور السادات بعد الحرب؟

لماذا ذهب الرئيس السادات إلى القدس؟

لماذا سمّيت مدينة السويس مدينة باسلة؟
ما نتيجة حرب أكتوبر؟

附：相关译文

第八课 白鸽（四）

访者：这个国家的一切都在变。

访妻：如何变？

访者：我曾经在这里生活了 30 年，我看到过这些村庄。

访妻：跟我说说。

访者：泥草房，现在在原处建起了新房，房门口还有小汽车，这在埃及是从没发生过的事情。蓝大袍消失了，这里没有一个农民还穿着蓝大袍。

访妻：我们现在在去工厂的路上。

访者：埃及人民正在冲破时间，开始再次觉醒。

访妻：这是一个有着七千年历史的古老民族。

访者：还没有消亡。

访妻：巴比伦、亚述、腓尼基甚至古希腊都已消亡，在我们这个世界上出现了一个新的希腊。

访者：罗马人也成为过去，今天的意大利也不是恺撒帝国了。

访妻：为什么埃及保存下来了？

访者：我们会看到的，这很神秘，以致法老图坦卡蒙的文物在世界各地巡展时，就好像他在几千年后依然活着。

朋友：我们快到凯法尔·道瓦尔工厂了。夫人，请看，这些都是纺织厂，我侄子就在其中一家上班，一会儿我们就去他家。

工人：你们好！

访者：哈，同样的话：你们好。

工人：欢迎你们来到我家，请！请！

朋友：我这位工人朋友在十月战争中是一名士兵。

工人：我很光荣。孩子们，端茶来。

访妻：精致的埃及房子，里面的一切都很漂亮。

工人：是由于你的光临，夫人。谢谢！谢谢！

访者：我们在来凯法尔·道瓦尔的路上，看到一切都在改变，我妻子已对我谈到这一点了。

工人：是的，先生，在十月战争以后，在埃及军队获胜以后，我们开始了一种新的生活。

工人：请喝茶。

访妻：谢谢！十月战争时你曾是士兵，你有什么看法？

工人：我们是为和平而战，我们想解放我们的土地，收回我们的权力，我们渡过苏伊士运河后，摧毁了坚固的巴列夫防线，在西奈，进行了著名的坦克大战。我们的安瓦尔·萨达特总统发出了和平的号召。

访者：我们这位朋友曾参加了坦克大战？

工人：是的，我曾是捕获队的队员。

访者：是捕获坦克吗？

工人：是啊，这有什么奇怪的，我曾捕获这种机械怪兽。

访妻：你们打赢的这场战争，对全世界都是一个意外，当时没有一个人相信埃及将要打这场战争。

朋友：埃及的一些人也没想到我们将要打仗，那时有一些说法，叫"不战不和"。

工人：但1971年5月15日发生的事件才是埃及人民取得真正胜利的起点。

访者：你是指5月革命？

工人：是的。这次革命还埃及国民之本，为伟大的十月胜利铺平了道路。我们不仅仅是靠武力取胜。

访妻：你们在使用武力之前是靠信仰取胜的。

工人：当我们渡过苏伊士运河、到达河对岸西奈的土地上并高举起我们的旗帜时，我们的喊声随着高举的旗帜在回响：安拉至大！安拉至大！这声音不仅是出自我们的口中，而且是发自我们的内心。

访者：是这样。那些天，全世界的目光都关注着埃及；当萨达特总统去耶路撒冷、去卢森堡的欧洲议会时，全世界依旧关注着埃及。萨达特总统成了历史上的一位和平英雄。

访妻：那么，萨达特总统是从战斗中发出了和平的呼唤？

工人：是的，正是从我们生活中那些光荣的日子起，埃及开始向着明天、向着未来行动了。

朋友：我们开始建设战争毁坏的一切，我们重建了苏伊士、伊斯梅利亚和塞得港。

工人：兄弟，你不要忘记动人的苏伊士史诗，这座英雄的城市曾抵御了以色列的进攻，在其郊外焚毁了入侵的坦克。

访者：你说得对，这次战争中的英雄事迹在许多国家的军事学院被讲授。

工人：战争已经结束了，我们开始了和平时代。

回答下列问题

来访者在这个国家看到了什么变化？

你知道巴比伦文明、亚述文明和腓尼基文明出现在哪个地区吗？

他们在凯法尔·杜瓦尔将参观哪一家工厂？

迎接他们的工人在十月战争中是一名士兵吗？

埃及为什么同以色列打仗？

他曾是哪一个分队的？

在战争中，他参加了哪一场战斗？

当战士们渡过运河、到达河对岸西奈的土地上时，他们高喊着什么？

战后，埃及总统萨达特去了哪里？

萨达特总统为什么去了耶路撒冷？

苏伊士城为什么被称为英雄的城市？

十月战争的结局是什么？

الدرس التاسع سيناء هبة الطبيعة (١)

... وفصل البحر بين آسيا وأفريقيا وبقيت تربط القارّتين مساحة من الأرض، اسمها سيناء.

سلاسل من الجبال الشاهقة، وديان وسهول وصحراوات ممتدّة، معالم طبيعيّة يندر أن تتكرّر في أيّ مكان. هنا عندما يقلّ الماء تفرض الصحراء قانونها الخاصّ فلا تنمو غير أنبتة ضئيلة تعيش عليها القوارض والحشرات. وتنساب المياه من القمم جداول يوم تذوب ثلوج الشتاء. ينشقّ الصخر عن الماء، ويفيض ينبوعه بالحياة، فتدبّ الخصوبة في باطن الجبل، وتجود الأرض، وتزدهر الألوان من النبات، والطير والحيوان وفدت وقد تهيّأت البيئة لاستقبالها.

إنّ ثراء البيئة وتنوّعها في سيناء دفع الدولة إلى إصدار قانون المحميّات الطبيعيّة على ضوء الدراسات الّتي أجراها الخبراء في جهاز شؤون البيئة. والمحميّة الطبيعيّة هي منطقة تتميّز بما تضمّه من كائنات حيّة كطيور أو أسماك أو حيوانات نادرة، وللمحميّة حدود طبيعيّة تساعد على حمايتها. وقد أنشئت في سيناء ثلاث محميّات: الأولى في رأس محمّد، والثانية في سانت كاترين، والثالثة في بحيرة بردويل.

بحيرة بردويل تحاذي البحر المتوسّط خمسة وتسعين كيلومترا، وتقع

على مسار الهجرة الموسميّة الّتي تقوم بها طيور الشمال هربا من نزول الشتاء البارد. تسعى الطيور جماعات إلى دفء القارّة الإفريقيّة كي تقضي فيها فصل الشتاء، ثمّ ترجع إلى موطنها الأصليّ حيث تتكاثر لتعود إلى الهجرة في الموسم التالي.

كيف تعود هذه الطيور إذا قنصتها كلّها شبّاك الصيّادين كما يحدث لطائر السمّان الّذي يأتي من أوكرانيا فيسقط في شبّاك الصيد الجائر. يعتمد أهل المنطقة على السمّان كمصدر لزيادة مواردهم دون تبصّر بالمصير الّذي يعرّضونه له، لهذا صدرت القرارات الّتي تنظّم صيد السمّان كي ينجو منه جزء يتكاثر ويعاود المجيء. إنّ خبراء البيئة في محميّة بردويل يتابعون ترشيد الأهالي إلى الأسلوب الصحيح لصيد السمّان، فيجب وضع الشبّاك أو الفخاخ على مسافة لا تقلّ عن خمسمائة متر من شاطئ البحر وأن يفصل بين كلّ شبكة وأخرى عشرون مترا على الأقلّ، كما يحظر صيد الطيور الأخرى بأنواعها في منطقة المحميّة.

البردويل منطقة استراتيجيّة لرصد الطيور، آلاف وآلاف من الطيور المهاجرة تأتي هنا في خريف كلّ عام، تستهدي الشمس ونجوم السماء في مسارها متى افتقدت معالم الأرض. حوالي مئة وسبعين نوعا من الطيور تتلاقى فوق البحيرة، فيعبر منها من يعبر ومنها من يقضي الشتاء بمصر، فيدعم الإنسان في كفاحه ضدّ الآفات الضارّة بالزراعة إذ يواجه الحشرات والقوارض كالفئران وغيرها.

المفردات الجديدة

هبة جـ هبات	礼物，赠品
فصَل ـِ فصلا الشيء	分开，分割，切断
سلسلة الجبال	山脉
واد (الوادي) جـ وديان و أودية	山谷，河谷，流域
سهل جـ سهول	平原
ممتدّ م ممتدّة	伸展的，展开的
ندَر ـُ ندرا و ندورا الشيء	稀少，少见
فَرَض ـِ فرضا القانون	制定法律
نباتة جـ نباتات و أنبتة	植物
قوارض (كالفأر والسنجاب والأرنب)	啮齿类动物
انساب ينساب انسيابا الماء	流动，淌
ذاب ـُ ذوبانا الثلج والسمن ونحوهما	融化，溶化
انشقّ انشقاقا الشيء	绽裂，裂变
ينبوع جـ ينابيع	源头，泉源
دبّ ـِ دبّا و دبيبا	爬行，蔓延
خصوبة	肥沃，富饶
باطن	内部
جاد ـُ جودة و جودة	变好，改善，进步
وفد يفد وفدا و وفودا الى	（以使节身份）到来

第九课 西奈——大自然的馈赠（一）

تهيّأ تهيّؤا للأمر	做好准备
ثراء	富
تنوّع تنوّعا الشيء	变成各种各样
أصدر إصدارا بيانا أو غيره	发表，发出
قانون جـ قوانين	法律，法令，法则
محميّة جـ محميّات	保护区
على ضوء كذا	按照，依据，在……指导下
أجرى يجري إجراء الأمر	进行，举行
تميّز تميّزا بكذا	被区别开，具有……特色
كائنات حيّة	生物
حدّ جـ حدود	限度，界限；边境
رأس محمّد	穆罕默德角
سانت كاترين	圣凯瑟琳
بحيرة بردويل	白尔达维勒湖
حاذى يحاذي محاذاة الشيء	和……平行，与……相对
مسار جـ مسارات	轨道，路径
هجرة	迁徙，移居
هرَب ـُ هروبا من	逃跑，逃脱
دفء	温暖，暖和
موطن جـ مواطن	住所；家乡，故乡
تكاثر تكاثرا الشيء	繁殖，增殖，滋生

قَنَص ـِ قنصا الطير	打猎，狩猎
سمّان	鹌鹑
أوكرانيا	乌克兰
جائر م جائرة	不公道的，非正义的；专横的，残暴的
تبصّر تبصّرا في الأمر	思索，审查
مصير	命运，结局，下场
عرّض تعريضا فلانا لكذا	使遭受，使蒙受
صدَر ـِ صدورا الأمر	发生，发出
قرار جـ قرارات	决定，决议
عاوده يعاوده معاودة الشيء	再现，反复
رشّده ترشيدا إلى وعلى ول	指导，指引
فخّ جـ فخوخ و فخاخ	圈套，陷阱
حظَر ـُ حظرا عليه الأمر	禁止
رصَد ـُ رصدا الشيء	观测，观察；监视
مهاجر جـ مهاجرون م مهاجرة	移民，侨民
استهدى يستهدي استهداء	请教，领教
افتقد افتقادا الشيء	查询，寻找
تلاقى يتلاقى تلاقيا القوم	相遇，相逢，相聚
دعَم ـَ دعما الشيء	支撑；巩固，加强；支持
آفة جـ آفات	疫病，残疾
ضارّ م ضارّة	有害的

附：相关译文

第九课 西奈——大自然的馈赠（一）

……大海把亚洲和非洲隔开，只剩下一块陆地连接着这两大洲，这就是西奈。

巍峨的山脉、河谷、平原、绵延的沙漠，在任何一个地方都鲜有重复的自然景观。在这里，当缺少水的时候，沙漠便会制定自己独特的法则：只生长啮齿类动物和昆虫赖以生活的少量植物。当冬天的积雪融化，水便从山顶流下，汇成汩汩溪流。石头被水冲裂，泉水洋溢着生机，山中富饶，大地肥沃，各种植物茂盛，小鸟和动物来了，环境已做好了迎接它们的准备。

西奈环境的富庶及其多样化，促使国家在环境事物部门进行研究的基础上，颁布了自然保护区法。自然保护区是独具其所包括的鸟类、鱼类或珍稀动物的地区，保护区有着便于对其保护的自然边界。在西奈建有三个保护区：第一个在穆罕默德角，第二个在圣凯瑟琳，第三个在白尔达维勒湖。

白尔达维勒湖与地中海相距95公里，位于北方鸟类为逃避严冬到来而进行的季节性迁徙的路途上。一群群的鸟儿寻求着非洲大陆的温暖，在那里度过冬季，然后再回到它们原来的栖息地，在那里繁衍，直到下一个季节再次迁徙。

这些小鸟如果被猎人的网子捕获该如何返回呢？就像这落入该死的猎网中的来自乌克兰的鹌鹑。这个地区的人们把鹌鹑作为他们增加收入的来源，而不考虑他们使它遭受的命运，因此又颁布了一些有组织捕猎鹌鹑的规定，以便使一部分鹌鹑得以逃脱、繁衍并再次回来。白尔达维勒保护区的环境专家们不断地指导居民们捕猎鹌鹑的正确方法：应该把网或机关放置在距海岸不少于 500 米的地方，网与网之间至少间隔 20 米。同时，在保护区内，禁止捕猎其他各种鸟类。

白尔达维勒是一个观察鸟类的战略要地，成千上万的迁徙鸟类每年秋天来到这里，在（迁徙的）途中，当地上的景物消失时，它们便靠太阳和天上的星辰引路。大约有 70 种小鸟在湖上相聚，它们中有的是路过，有的则是在埃及过冬。在人类面临昆虫和老鼠等啮齿类动物时，它们帮助人类与危害农业的病害进行斗争。

الدرس العاشر سيناء هبة الطبيعة (٢)

بعيدا عن البحر والبحيرة في منطقة سانت كترين المتميّزة بحيواناتها البرّيّة ونباتاتها المستوطنة أقيمت محميّة طبيعيّة ثانية. هنا حيث يربض منذ أكثر من ألف عام الدير الّذي يستمدّ اسمه من اسم القدّيسة كاترين.

يواصل خبراء البيئة جهودهم لحفظ التوازن الطبيعيّ في المنطقة بتحريم صيد الحيوانات حتّى لا تنقرض كما انقرض نعام أو نمور سيناء وبرصد كلّ نوع منها على حدة: التيتل حيوان نادر يخشى عليه من الانقراض، يعيش على أعلى الجبال، عندما يحسّ الظمأ يتسلّل إلى الوديان بحثا عن الماء؛ الفنك أجمل الحيوانات البرّيّة في سيناء وأصغر كلّ الثعالب، يتغذّى على القوارض والزواحف والطيور؛ الغزال يعيش في الوديان حيث العشب والماء؛ الأرنب البرّيّ ينتشر في كلّ سيناء؛ القنفد أحد حيوانات العالم القديم لم ينقرض ولم يتغيّر، حادّ السمع والشمّ، لكنّه ضعيف الأبصار؛ اليربوع له جسم فأر وذنب، أسد وأرجل طائر وشوارب سنجاب. وتستمرّ دورة الحياة: حيوان يأكل العشب، يفترسه آخر يأكل اللحم، وعند موت الحيوان المفترس تصبح جثته عناصر تثري التربة، وينمو بها نبات جديد.

على أرض سيناء ينمو حوالي تسعمائة وخمسين نوعا من أنواع النباتات، من بينها نباتات رعويّة وأعشاب طبّيّة وأخرى غنيّة بالموارد الكيماويّة، وهي ثروة تنفرد بها شبه جزيرة سيناء. وبالرغم من تنوّع النباتات وتعدّدها إلاّ أنّ الكساء النباتيّ الحالي لا يمثّل امكانيات سيناء الحقيقيّة، بل هو دليل على اهدار تلك الإمكانيّات لأسباب، من أهمّها الرعي الجائر.

إنّ الإضرار بالكساء النباتيّ يسمح للكثبان الرمليّة بالزحف على المناطق المخضرّة، النخيل الّذي ينتشر في وديان سيناء وترتفع أشجاره إلى ثلاثين مترا لا ينجو من عوامل الدمار الّتي تنتج عن إبادة الكساء النباتيّ بيد الإنسان. مساحات كبيرة كثيفة بأشجار النخيل تدفن بأكملها تحت كثبان الرمال. لقد أثبتت التجارب والدراسات العلميّة أنّه لا بديل على الكساء النباتيّ الطبيعيّ للوقوف أمام زحف الصحراء، فالأشجار والأعشاب والنباتات تعمل على تثبيت التربة الرمليّة وتقاوم زحف الرمال السافية.

نبات سيناء المنجوف ينمو حيث لا يمكن أن ينمو نبات آخر، يرتوي بمياه البحر المالح، ويهيّء من حوله موطنا للكثير من أحياء البرّ والبحر.

المفردات الجديدة

مستوطن م مستوطنة	本地的，地方的
ربَض ـِ ربضا و ربوضا	（牲畜）伏下，跪下；窥伺（猎物）

دير ج أديار وأديرة	修道院
قدّيس	圣徒
توازن توازنا	平衡，平均
حرّم تحريما على فلان الشيء	禁止
انقرض انقراضا	消亡，灭绝
نعامة ج نعام و نعامات	鸵鸟
نمر ج نمور	老虎
تيتل ج تياتل	麋鹿
أعلى م عليا ج أعال (الأعالي)	最高的；较高
ظمأ	干渴
تسلّل تسلّلا إلى المكان	潜入，溜到某处
فنك	郭狐
ثعلب ج ثعالب	狐狸
زاحف ج زواحف	爬着走的
غزال ج غزلان	羚羊
قنفد ج قنافد	刺猬
شمّ	闻，嗅；嗅觉
بصر ج أبصار	视觉，视力
يربوع ج يرابيع	飞鼠，跳鼠
ذنب ج أذناب	尾巴
سنجاب	松鼠

افترس افتراسا الفريسة	捕猎，捕获
مفترس م مفترسة	凶猛的
عنصر ج عناصر	成分，要素
أثرى إثراء التراب	使富庶，使肥沃
تربة	泥土，土壤
رعويّ م رعويّة	畜牧的，牧民的
كيماويّ م كيماويّة	化学的
انفرد انفرادا بالأمر	单独干，独具，成为独一的
شبه و شبه ج أشباه	像，类似，半（半像不像）
جزيرة ج جزر و جزائر	岛屿
بالرغم من كذا	尽管，虽然
تعدّد تعدّدا	变多，增多
كساء ج أكسية	衣服
مثّله تمثيلا	扮演；代表，代理；体现
إمكانيّة ج إمكانيّات	可能性，潜力，力量
دليل ج دلائل وأدلّة	证明，证据；指南
أهدر إهدارا الدم أو المال	随意杀害；浪费钱财
أضرّ إضرارا فلانا أو به	损害，伤害，对……有害
كثيب ج كثبان	沙堆，沙丘
مخضرّ م مخضرّة	变绿的
نخيل	枣椰树

因素	عامل ج عوامل
破坏，蹂躏	دمار
由……发生，由……引起	نَتَجَ ـِ نتجا عنه كذا
消灭，灭绝	أباده إبادة
完全，充分	بأكمله
替身，代替者	بديل ج بدلاء
确认，敲定	ثبّت تثبيتا الشيء
被风卷起的	ساف (السافي) م سافية
被（从根部）弄断的	منجوف م منجوفة
喝饱，止渴	ارتوى الإنسان أو الحيوان من الماء
咸的	مالح م مالحة
准备，预备，安排；培养	هيّأه تهيئة

附：相关译文

第十课 西奈——大自然的馈赠（二）

远离大海和湖泊，在具有独特野生动物和植物的圣凯瑟琳地区，建立了第二个自然保护区。那里一千多年来就坐落着以圣徒凯瑟琳的名字命名的修道院。

环境专家们不断努力，通过禁止狩猎动物以及逐一观察每一种动物来保持该地区的自然平衡，以便动物们不至于像鸵鸟或西奈老虎那样灭绝。麋鹿是一种被担心灭绝的珍稀动物，它生活在大山的高处，当它感到口渴时，便会悄悄地来到山谷里找水；郭狐是西奈最美丽的野生动物，是最小的狐狸，它吃啮齿类动物、爬虫和鸟类；羚羊生活在有草有水的山谷里；野兔遍布西奈的各个地方；刺猬是一种没有灭绝、也没有改变的古代世界的动物，它听觉和嗅觉敏锐，但视觉迟钝；跳鼠有老鼠般的身子、狮子般的尾巴、小鸟一样的脚和松鼠一样的胡须。生命的轮回在继续着：动物吃草，另外的食肉动物又吃它；当猛兽死去，其尸体会变成肥沃土壤的成分，在这土壤中又生长出新的植物。

在西奈的土地上生长着约950种植物，其中有牧草，有药草，有的草富有化学成分，这些植物是西奈半岛独特的财富。尽管植物的种类和数目繁多，但目前的植被并没有体现出西奈真正的潜能，只表明由于某些原因其潜能没有发挥出来，最主要的原因是野蛮放牧。

对植被的破坏致使沙丘向绿色地区蔓延，遍布西奈山谷的高达 30 米的枣椰树，也难逃人类破坏植被而带来的毁灭命运。大面积茂密的枣椰树全被埋在沙丘下面。科学实验和研究证明，没有什么可以代替自然植被来阻挡沙漠的蔓延，树、草和植物可以固定沙土，抵抗流沙的蚕食。

西奈的植物生长在其他任何植物都不能生长的地方，它喝咸咸的海水，并在它周围为许多陆地和海洋生物提供了一个家园。

الدرس الحادي عشر سيناء هبة الطبيعة (٣)

وفي الجنوب القصيّ من سيناء حيث يضمّ البحر الأحمر شبه الجزيرة بين الذراعين، أحدهما خليج السويس والثاني خليج العقبة، أقيمت المحميّة الطبيعيّة الثالثة في منطقة رأس محمّد الّتي تشتهر بحدائقها المرجانيّة النادرة.

تمنع نقط المراقبة إدخال أسلحة الصيد كالحربة والبندقيّة مع روّاد المحميّة من هواة الغوص والسباحة، فهنا يحظر إزعاج الكائنات البحريّة أو قتلها وصيد الأسماك والتقاط الصدفات أو الشعاب المرجانيّة.

حفاظا على البيئة والمستوى الجماليّ للمحميّة يحظر تلويث المياه أو الهواء أو التربة، وكذلك القاء المخلّفات البتروليّة أو تصريف السوائل الّتي تلوّث البيئة البحريّة، ويحظر إقامة المباني أو المنشآت وتدمير التكوينات الجيولوجيّة.

إنّ القاء المرساة التقليديّة يدمّر مرجانيّات يحتاج نموها إلى أجيال عديدة، والأسلوب الصحيح لإرساء مراكب الغوص وغيرها هو ربطها إلى عوّامات ثبّتت في قاع البحر. أنشأ جهاز شؤون البيئة فرعا في جنوب سيناء للإشراف على محميّة رأس محمّد والنهوض بها وحمايتها وتحسين البيئة فيها.

إنّ صفاء الماء وثبات درجة ملوحته يجعل البيئة البحريّة في رأس محمّد بيئة مثاليّة لنمو المرجان وازدهار الشعاب. فلا أنهار تصبّ فيه ولا سيول تعكّر صفو الماء، وأشعّة الشمس الساطعة تعمل على تدفئة مياه البحر، فتجلب إليه أحياء المناطق الحارّة من المحيطين الهنديّ الهادي.

حظيت دراسة رأس محمّد بمجموعة من أندر الشعاب المرجانيّة في العالم أجمع، والبحر عند رأس محمّد يزخر بألوان من الكائنات تفوق حقيقتها كلّ خيال، إنّها حديقة مرجانيّة حافلة بأجمل المخلوقات البحريّة.

إنّ حماية البيئة هي خطوة يخطوها الإنسان نحو مستقبل يشرق بالتناغم بين البشر وعناصر الطبيعة، وإسهام مصر بإنشاء المحميّات يجعلها جديرة بحاضرها مثلما هي جديرة بماضيها.

المفردات الجديدة

قصيّ م قصيّة	远的
العقبة	亚喀巴
مرجانيّ م مرجانيّة	珊瑚的
أدخل إدخلا فلانا أو شيئا	带进，引进
سلاح ج أسلحة	武器，兵种
حربة ج حراب	矛头，枪尖，刺刀
بندقيّة ج بنادق	步枪
رائد ج روّاد	向导，先驱，带头人

هاو (الهاوي) جـ هواة م هاوية	爱好者，业余的
غاص ـُ غوصا و غياصا و مغاصا في الماء	潜水
التقط التقاطا الشيء	捡起，拾起
صدفات	贝壳
شعب جـ شعاب	山路，羊肠小道；暗礁
جماليّ م جماليّة	优美的，漂亮的，典雅的
لوّث تلويثا الشيء	污染，玷污，弄脏
مخلّفات	遗留物，垃圾
صرّف تصريفا المياه	排放，排水
منشأة جـ منشآت	机构，企业；设施
دمّر تدميرا الشيء	毁坏，摧毁
تكوين جـ تكوينات	构成，构造
جيولوجيّ م جيولوجيّة	地质学的；地质学家
مرساة جـ مراس (المراسي)	锚
مرجان	珊瑚
أرسى إرساء السفينة	抛锚，下锚
عوّامة جـ عوّامات	浮标，浮圈
قاع	底，底部
نهَض ـَ نهضا ونهوضا	起来，奋起，振兴，复兴
صفاء و صفو	清澈，晴朗
ثبات	坚固，稳固，坚定，屹立

咸味	ملوحة
典型的，理想的	مثاليّ م مثاليّة
河流入海，注入	صبَّ ُ صبًّا النهر في البحر
使浑浊，搅浑	عكَّر تعكيرا الماء
使他暖和	دفَّأه تدفيئا
太平洋	المحيط الهادي
得到，获得	حظِيَ ـَ حظوة بكذا
充满	زخَرَ ـَ زخرا و زخورا البحر والوادي
迈步，步行	خطا يخطو خطوا
齐唱	تناغم تناغما القوم
作贡献	أسهم إسهاما في كذا

附：相关译文

第十一课 西奈——大自然的馈赠（三）

在西奈的最南端，红海用它的两条臂膀拥抱着半岛，一条是苏伊士湾，另一条是亚喀巴湾。第三个自然保护区就建立在以罕见的珊瑚园而闻名的穆罕默德角。

监察岗禁止来保护区的那些爱好潜水和游泳的游客把匕首、枪支等捕猎武器带进来。这里，禁止打扰或杀害海洋生物，禁止捕鱼、捡贝壳和珊瑚。

为了维护保护区的环境和美丽，禁止污染水、空气和土壤，禁止丢弃石油废弃物和排放污染海洋环境的液体，也禁止建造建筑物和设施，禁止破坏生物构成。

抛放传统的锚链会破坏需数代才能生长起来的珊瑚礁，停泊潜水船等的正确方法是把船拴在固定于海底的浮标上。环境事物部门在南西奈设立了分支机构，来管理、振兴、保护穆罕默德角保护区，并改善那里的环境。

海水的清澈以及盐度的稳定，使穆罕默德角的海洋环境成为珊瑚生长和繁盛的模范环境，没有河水注入，没有洪水搅浑水的清澈，灿烂的阳光把海水照得暖洋洋的，从而吸引着许多来自印度洋和太平洋热带地区的生物。

对穆罕默德角的研究获得了一批全世界最罕见的珊瑚，

穆罕默德角的海域充满了各种各样的生物，它们的情况超出了一切想象。这里的确是一个充满最美丽海洋生物的珊瑚园。

　　保护环境只是人类向着人与自然和谐相处的光明未来迈出的一步，埃及在建立保护区方面的贡献使她为她的现在感到自豪，就如同她为她的过去感到自豪一样。

الدرس الثاني عشر أخبار خفيفة (١)

حوال العالم

تمكّنت إحدى الشركات الألمانيّة من إنتاج جهاز جديد لتفتيت حصوة في الكلى بدون إجراء العمليّة الجراحيّة بعد أبحاث استغرقت حوالي ٦ سنوات، وبلغت التكاليف ٤ ملايين مارك. أعلن فورك هوف وزير البحث العلميّ في ألمانيا أنّ العلاج بطريقة جديدة يقوم على أساس تفتيت الحصوة في الكلى بواسطة توجيه موجات من الضربات على الأنسجة البيولوجيّة.

المفردات الجديدة

فتّت تفتيتا الشيء	弄碎，打碎
حصاة وحصوة ج حصيات وحصيّ	石子
كلية ج كلى	肾，腰子
العمليّة الجراحيّة	外科手术
مارك	马克
موجة ج موجات	浪尖，浪潮；（无线电的）波段

الدرس الثاني عشر ● أخبار خفيفة (١)

نسيج ج أنسجة	纺织品；组织（解剖学）
بيولوجيّ م بيولوجيّة	生物的

ثورة الإلكترونيّات ليست لها حدود، كلّ يوم يتوصّل العلماء إلى استغلال جديد لتكنولوجيّات الإلكترونيّات. آخر ما توصّل إليه علماء اليابان في هذا المجال هو جهاز الكترونيّ على شكل قرص صغير يعلّق في رقبة البقرة، هذا الجهاز يصدر إشارات صوتيّة تثير فضول الأبقار أو أيّ نوع آخر من الماشية، ممّا يجعلها تتجمّع وتسير إلى حظائرها متتابعة درجة زيادة الصوت الّتي تزداد عندما تسير البقرة في اتّجاه الحظيرة، وتخفت عندما تضلّ البقرة طريقها. فائدة هذا الجهاز أنّه يسهّل عمليّة تجميع الأبقار من المراعي الكبيرة.

المفردات الجديدة

إلكترون	电子
توصّل توصّلا الى	达成，达到
اليابان	日本
قرص ج أقراص	圆盘，圆片
رقبة ج رقاب ورقبات	脖子，脖颈
إشارة ج إشارات	信号，标记；手势
فضول	好奇

حظيرة ج حظائر	畜栏，圈，厩
متتابع م متتابعة	相继的，连续的
خفَت ـُ خُفُوتا الصوت	静寂，静止
جمّعه تجميعا	召集，聚集
مرعى ج مراع (المراعي)	牧场

صدر حديثا في الأسواق الأوربّيّة مجلّدان تحت عنوان "نبيّ الإسلام حياته وأعماله"، والمؤلّف المستشرق الفرنسيّ محمّد حمده لله. ويقع المجلّد الأوّل في ٥٩٩ صفحة، الثاني في ٥١٣ صفحة. المؤلّف للمجلّدين يتتبّع حياة الرسول (عليه الصلاة والسلام) في طفولته، ثمّ نزول القرآن عليه وانتشار الإسلام رويدا رويدا والهجرة إلى المدينة والحياة السياسيّة في عهد الرسول وفي ظلّ انتشار الإسلام، ثمّ يتناول الرسول في حياته الخاصّة. هذا البحث الدينيّ يعتبر أوّل عمل وافر للمستشرق عن حياة الرسول وانتشار الإسلام. وتبدو الإشارة إلى أنّ هذين المجلّدين يلقيان سعة الانتشار ورواجا واسعا في الأسواق العالميّة.

المفردات الجديدة

مجلّد ج مجلّدات	卷，册，集
مستشرق	东方学家
القرآن	古兰经

第十二课 轻新闻（一）

رويدا	慢慢地，渐渐地
المدينة	麦地那
في ظلّ كذا	在……下，在……条件下
سعة	容量，容积；富裕，富足
راج ـُ رواجا الشيء	流通，畅销

عثر العلماء المتخصّصون في الكيمياء الحيويّة في معهد مقسبلنك في ميونيخ على دلائل تشير إلى وجود حاسّة مغناطسيّة لدى بعض أنواع من الطيور والحيوانات، فالحمام الزاجل وكذلك النمل يستعين في رحلات الطيران بخاصيّة الجاذبيّة المغناطسيّة الأرضيّة لتحديد إتّجاه الطيران. وقد وجد العلماء أنّ لبعض هذه الطيور خلايا مغناطسيّة بين عضلات الرقبة تحدّد مسارها تلقائيّا بالنسبة إلى المجال المغناطسيّ للأرض، وبالتالي تتمّ عمليّة التوجيه أثناء الطيران. كما تعتبر هذه الخاصيّة بمثابة الخريطة الّتي ترشد الطيور المهاجرة إلى موطنها الأصليّ حيث تنجذب طبيعيّا لها. وكان يعتقد الناس خطأ فيما مضى أنّ الطيور المهاجرة تتبع دورة الشمس أثناء طيرانها.

المفردات الجديدة

متخصّص جـ متخصّصون	有专长的；专门人才
الكيمياء الحيويّة	生物化学

ميونيخ	慕尼黑
حاسّة جـ حواسّ	感官；敏感性
الحمام الزاجل	信鸽
استعان استعانة به	求助，借助
خاصّيّة جـ خاصّيّات وخصائص	属性，特性
عضلة جـ عضلات	肌肉
تلقائيّ م تلقائيّة	自动的，自觉的，自愿的
انجذب انجذابا	被吸引

الدرس الثاني عشر ◆ أخبار خفيفة (١)

附：相关译文

第十二课 轻新闻（一）

关于世界

在经过持续6年的研究之后，一家德国公司已能够生产一种新的仪器，它可以不通过外科手术就击碎肾结石，仪器造价达400万马克。德国科研部长福克霍夫宣布，新的治疗方式是通过向生物组织发射冲击波来击碎肾结石的。

电子革命是无止境的，科学家们每天都能获得对电子技术的新的应用。日本科学家在这一领域取得的最新成果，是挂在牛脖子上的小圆形的电子仪器，这种仪器可以发出声波，引起牛或其他种类牲畜的好奇心，从而使它们集中起来，并随着声波增强的程度回到它们的圈里去，因为当牛朝牛圈方向走时，声波就增强；如果牛迷了路，声波就减弱。这种仪器的作用是便于把牛从大牧场集中起来。

最近在欧洲市场上出现了两册名为《伊斯兰教的先知——

其生平与事业》的书，作者是法国东方学学者穆罕默德。上册书 599 页，下册书 513 页。书的作者研究了使者童年的生活、《古兰经》降示与他、伊斯兰教的逐渐传播、迁徙麦地那、使者时代和伊斯兰教传播时期的政治生活，以及使者的个人生活。这一宗教研究是这位东方学学者有关使者生平和伊斯兰教传播的第一部作品。可以指出的是这部作品在国际市场上广为传播，十分畅销。

慕尼黑一所学院的生化学家们发现了表明在一些鸟类和动物身上存在磁性感官的证据。信鸽，还有蚂蚁，在飞行中要借助地磁引力来确定飞行方向。科学家们发现，在这样一些鸟类的颈部肌肉中存在磁细胞，它可以根据地球磁场自动确定其路径，从而完成飞行中的导向过程。这一特性就像地图一样，可以指导候鸟回到自然吸引着它的原栖息地。过去人们错误地认为，候鸟在飞行中是追踪太阳的运转的。

الدرس الثالث عشر أخبار خفيفة (٢)

شجرة البلّوط

شجرة البلّوط شجرة خشبها شديد القوّة وجذورها عميقة حتّى أنّ أقوى الرياح لا تسقطها إلاّ نادرا، كما أنّها شجرة تعيش عمرا طويلا يزيد عن ١٢٠ سنة، بل يوجد أشجار يبلغ عمرها ألف سنة. لمّا كان خشب البلّوط شديد القوّة شديد المقاومة للماء فإنّه يستخدم في عمل إنشاءات تحت الماء وفي فلنكات سكّة الحديد وفي صنع عربات نقل البضائع. ومن البلّوط تخرج منه الفيلين المستخدم في صنع الموادّ العازلة وسدادات الزجاجات والعوّامات ونعال الأحذية، ويسمّى بلّوط الفيلين، يستخرج الفيلين من هذا النوع من شجرة البلّوط بعمل القطوع حول الجذع واستخراج الفيلين وهو محصول متجدّد، ذلك أنّه يمكن استخراجه من الشجرة مرّة كلّ سبع سنوات تقريبا. تنتشر زراعة البلّوط في أوربّا وخاصّة انجلترا.

المفردات الجديدة

بلّوط	橡树
جذر ج جذور	根，根基

أسقط إسقاطا الشيء	推翻，打倒
فلنكة جـ فلنكات	枕木
فلّين	软木
سداد جـ أسدّة وسدادات	塞子
نعل جـ نعال	便鞋；鞋底
قطع جـ قطوع	割口，切口
جذع جـ جذوع	树干，躯干
متجدّد م متجدّدة	更新的，新兴的

أسماك حصان البحر

أسماك حصان البحر أسماك صغيرة عجيبة المنظر، وعادتها في التكاثر أكثر غرابة. لهذا النوع من السمك كيس يوجد على المعدة، وعندما تضع الأنثى البيض بعد إخصابه تمرّره إلى كيس الذكر خلال فتحة صغيرة فيه، ويقوم الذكر بعد ذلك بعمليّة الحضانة. يفقس البيض بعد حوالي ٧ أيّام قد تمتدّ إلى العشرة وتبقى الأسماك الصغيرة في الكيس لمدّة قصيرة، وتحصل على غذائها من دم الأب. وعند تمام تكوينها فإنّها تخرج من الكيس إلى الماء، وتعتمد على نفسها في الحياة. تعيش أسماك حصان البحر بين الأعشاب البحريّة وتسبح بصعوبة، ونادرا ما تحاول الدخول إلى المياه الجارية. تنتشر أسماك حصان البحر في المياه البريطانيّة على وجه الخصوص.

المفردات الجديدة

حصان ج أحصنة	马，公马
وضعت المرأة	分娩，生产
أنثى ج إناث	母的，雌的
أخصبه اخصابا	使肥沃
مرّر تمريرا كذا	使通过，传，传递
ذكر ج ذكور	公的，雄的
فتحة ج فتحات	裂口，缺口，口子
حضَنه ـُ حضانة	抱，搂抱；孵卵
فَقَس ـِ فقسا البيض	孵化
جار (الجاري) م جارية	流动的，正在进行的

السمك الرامى السهام

في منابع الأنهار في البلاد الحارّة من الشرق الأقصى يعيش نوع من السمك له طريقة غريبة جدًا في صيد طعامه، فهو يسبح على سطح الماء باحثا عن حشرات فوق أوراق طافية أو أعشاب عالية، وعندما يرى حشرة فإنّه يرمي نحوه عدّة قطرات متتابعة من الماء بسرعة حتّى يصيب الهدف تماما، وعندما تسقط الحشرة من مكانها وتقع في الماء يقبض عليها ويلتهمها. ومن أجل ذلك يسمّى بالسمك الرامي السهام.

المفردات الجديدة

رام (الرامي) جـ رماة م رامية	射手，投掷手
سطح جـ سطوح	表面，平面
طاف (الطافي) م طافية	漂浮的
التهم التهاما الشيء	吞下，吞噬

قصّة

حصل الشابّ الأمريكيّ برلي على الحكم بالزام المطعم بتقديم كلّ ما يطلبه من الأطعمة. كان صاحب المطعم قد علّق لافتة تقول "أطلب كلّ ما تستطيع التهامه مقابل اثنين وربع دولار"، وكانت الصفقة مربحة للمطعم بالنسبة إلى الزبون العاديّ، وأصبحت خاسرة عندما بدأ برلي يتردّد على المطعم ليأكل كحصان شره. أمر مدير المطعم عمّاله بعدم تقديم أيّ أطعمة له، ولكنّ برلي لم يضيّع الفرصة، ولجأ إلى المحكمة، فحصل على الحكم بالزام المطعم بتقديم كلّ ما يطلبه.

المفردات الجديدة

حكم	判决（法）
مقابل	面对……的；代价，报酬
دولار جـ دولارات	美元
صفقة جـ صفقات	买卖，交易

مربح م مربحة	可赚钱的，有利可图的
خاسر م خاسرة	赔本的，亏损的
شره م شرهة	贪婪的，贪吃的
محكمة جـ محاكم	法庭

طرفة

كانت إحدى الأمّهات شديدة الحرص على طفلها الوليد لدرجة الوسوسة حتّى أنّها كانت تعطي الزوّار أقنعة الجرّاحين ليضعوها فوق وجوههم، وترشّ الموادّ المطهّرة في البيت أكثر من مرّة في اليوم.

وفي يوم قالت لزوجها: "يبدو أنّ أولى أسنان الطفل على وشك الظهور، ولكنّني لا أستطيع فتح فمه للتأكّد من ذلك."

"حسنا، افعلي كما فعلت أمّي، وضعي إصبعك في فمه، وتحسّسي مكان السنّ."

"أيّه ماذا تقول يا رجل؟"

"لا تنزعجي هكذا، تستطيعين قبل ذلك طبعا أن تضعي اصبعك في ماء مغليّ."

المفردات الجديدة

طرفة جـ طرف	妙语，笑语
وليد جـ ولدة و ولدان	婴儿，男孩，幼儿
وسوسة	忧虑，多疑

قناع ج أقنعة	面纱，面罩
رشّ ـُ رشّا الماء أو غيره	喷，洒
مطهّر م مطهّرة	消毒剂，清洁剂
على وشك كذا	临近……，快要……
إصبع ج أصابع	手指，脚趾
تحسّس تحسّسا الخبر	打听消息
انزعج انزعاجا	吃惊，惊慌
مغليّ م مغليّة	煮开的

附：相关译文

第十三课　轻新闻（二）

橡树

橡树是一种木质坚硬、树根很深的树，最猛烈的风也很少能把它刮倒；它还是一种长寿树，其寿命可超过120年，有的树寿命甚至达到千年。由于橡树的木质很硬，能很好地防水，因此它常被用于水下设施、铁道的枕木以及制造货车的车厢。橡树可生产出用于制造绝缘材料、瓶塞、浮标、鞋底的软木，这样的橡树被称为软木橡树，软木通过在根部切割来提取，它是一种可反复提取的产品，一棵树大约每7年可提取一次软木。橡树在欧洲种植很普遍，特别是在英国。

海马

海马是一种外貌奇特的小型鱼，它的繁殖习惯更为新奇。这种鱼在胃部有一个口袋，雌海马在卵发育成熟后开始分娩，并通过一个小口把卵产在雄海马的口袋里，然后由雄海马来孵化。卵的孵化要7到10天，然后小海马要在袋子里呆一段时间，从其父的血液中汲取营养。当小海马完全长成后，便从口袋里来到水中，依靠自己生活。海马生活在海草中间，它们艰难地游动着，很少尝试游到邻近的水域去。海马主要分布在英国的水域中。

射箭鱼

在远东热带国家河流的源头，生活着一种捕食方法十分奇特的鱼，它游在水面上，寻找着落在漂浮的树叶上或草上的昆虫，当它看见昆虫时，便迅速向它射出连续的水滴，直到完全击中目标；当昆虫落下，掉到水里时，它就会逮住它，并把它吃掉。因此，这种鱼被称为射箭鱼。

故 事

美国青年比利赢得了"餐馆必须向他提供他所需食品"的判决。餐馆老板曾挂出招牌"2.25美元随便吃"，对于一般的顾客来说，餐馆这种买卖是赢利的，但当比利多次光顾、像一匹贪吃的马一样大吃后，餐馆便赔钱了。于是餐馆经理便命令员工不要给比利提供任何食品，但比利却不失时机，求助法庭，并得到了"餐馆必须向他提供他所需食品"的判决。

笑 话

一位母亲十分关爱自己的新生婴儿，到了焦虑的程度，以至于她给来访者用外科医生的口罩，让他们戴在脸上，每天还在家里多次喷洒消毒剂。

　　一天她对丈夫说:"孩子的第一颗牙好像要长出来了,可我不能张开他的嘴来确定。"

　　"那好,你可以像我母亲那样,把你的手指放到他嘴里长牙的位置感觉一下。"

　　"你说什么呢!"

　　"不必这样惊慌,在这之前,你当然可以把你的手指放到开水里烫一下。"

الدرس الرابع عشر أخبار خفيفة (٣)

مثل

من الأمثال الشعبيّة الألمانيّة مثل يقول:"من يذهب إلى وليمة الذئب يجب أن يصحب معه الكلب". والمثل كما هو واضح يدعو للحرس والاستعداد لمواجهة غدر الخصم في كلّ الظروف.

المفردات الجديدة

خصم ج خصوم	敌手，对手，竞争者
غدَرَ ـُ غدرا و غدرانا الرجل و به	欺骗，陷害，出卖，背叛

طرفة

في إحدى الحفلات التقت ممثّلة شهيرة بإحدى الكاتبات الشهيرة، فقالت الممثّلة للكاتبة تحاول أن تنال منها: "آه، لقد قرأت كتابك الأخير، آه، إنّه رائع، ولكن ترى من الّذي كتبه لك؟"
"شكرا لك، ولكن من الّذي قرأه لك؟"

تلقّت إحدى الجمعيّات الخيريّة شيكا بمبلغ ٥٠٠ جنيه من أحد أثرياء الحرب، ولكنّ مسؤول الجمعيّة لاحظت أنّ الشيك لم يوقّع عليه، فسألت غنيّ الحرب:

"يا سيّدي نحن نشكرك كثيرا، ولكن يبدو أنّك نسيت أن توقّع على الشيك."

"لا، لا، لا، لم أنس، ولكنّني تعمّدت ألاّ أكتب اسمي على الشيك، لأنّني أعتقد أنّ أعمال الخير يضيّع ثوابها إذا عرفت أسماء القائمين بها."

المفردات الجديدة

جمعيّة خيريّة	福利会，慈善机构
شيك جـ شيكات	支票
ثريّ جـ أثرياء	富翁
تعمّد تعمّدا الأمر	故意做，执意做

علم: هيرودوت

هيرودوت مؤرّخ إغريقيّ، ولد عام ٤٨٤ قبل الميلاد، ويوصف بأنّه أبو التاريخ. قام في حياته بزيارة عديد من البلدان، من بينها مصر الّتي قال عنها إنّ مصر هبة النيل، كما كتب عن الصراع الطويل بين

إغريق والفرس.

كان هيرودوت كما يقول النقّاد كاتبا موهوبا واسع الأفق شغوفا بتسجيل الطريف والغريب بارعا في الوصف قادرا على صياغة ما يسمعه بأسلوب عذب. يسمّى "أبو التاريخ" لأنّه أوّل من عالج التاريخ لا باعتباره مجموعة الحكايات بل باعتباره موضوع بحث علميّ، وإن كان النقّاد يرون أنّ فلسفته في التاريخ كانت بدائيّة، فهو يفسّر الأحداث إمّا بتدخّل النساء أو الآلهة بالمفهوم الوثنيّ لأهل الزمن أو هذين الطريقين معا بالإضافة إلى أنّه لم يوجّه قدرا كافيا من العناية إلى دقّة التفاصيل وتواريخ الحوادث وتحليل الأخبار ونقدها والتفرقة بين الحقائق والأساطير. توفّي هيرودوت عام ٤٢٥ قبل الميلاد عن ٥٩ عاما.

المفردات الجديدة

هيرودوت	希罗多德
إغريقيّ م إغريقيّة	古希腊的，古希腊语的
بلاد الفرس	波斯，伊朗
ناقد ج نقّاد	批评家，评论家
موهوب م موهوبة	有天才的，有天赋的
شغوف بكذا	爱好……的，酷爱……的
صاغ ـُ صوغا و صياغة الشيء	铸造，制作，使成型；起草
فسّر تفسيرا الأمر	说明，阐释，解释

مفهوم جـ مفاهيم	观念，概念
وثنيّ م وثنيّة	多神教的；多神教徒
تفصيل جـ تفاصيل	详情，细节
توفيّ فلان	去世，逝世

قصّة

قصّة الحبّ بين القطّ والقطّة تسفر عن مصرع إيطاليّ وسجن آخر. تفاصيل الخبر في جريدة الأخبار تقول: أدّت قصّة الحبّ الملتهبة بين القطّ والقطّة بمدينة ميلان الإيطاليّة إلى قتل أحد المواطنين وسجن الآخر.

صادر عن التحذيرات الّتي وجّهها الفون انجرس عمره ٤٨ سنة إلى جاره لإبعاد قطّته ومنعها من إغراء القطّ الّذي يعتزّ به ويحتفظ به في شقّته، إلاّ أنّ الجار لم يبال بهذه التحذيرات، وكانت النتيجة أنّ القطّ العاشق هرب ليعيش مع القطّة في الشقّة المجاورة، فما كان من انجرس إلاّ أن يستلّ السكّين من المطبخ، وطعن به جاره حتّى الموت. والطريف أنّ القطّ والقطّة يعيشان الآن عند الجار الثالث في سعادة، وأنجبا قططا صغيرة.

المفردات الجديدة

قطّ م قطّة	猫
أسفر إسفارا الأمر عن كذا	产生……（结果）

مصرع جـ مصارع	死，死亡
سَجَنه ـُـ سجنا	监禁
ملتهب م ملتهبة	燃烧的，起火的；被煽动的
ميلان	米兰
تحذير جـ تحذيرات	警告，告诫，提醒
أغرى إغراء بكذا	引诱，诱惑，调唆
عاشق جـ عشّاق وعاشقون م عاشقة	爱人，情人；热恋的
استلّ استلالا سيفا أو سكّينا	拔剑，抽刀
طعَنه ـَـ طعنا بالرمح ونحوه	穿，刺，扎入

الملحمة

الملحمة قصّة شعريّة طويلة تمتاز بجودة السبك والحبكة الفنيّة، تحكي الملحمة تاريخ أمّة من الأمم منذ نشأتها، ولا تترك حدثا صغيرا أو كبيرا إلاّ تناولته، وتكوّن سيرة البطل في العادة هي الموضوع الّذي يربط كلّ أجزاء القصيدة.

من الملاحم ما يؤلّفه شاعر واحد، ومنها ما يؤلّفه شعراء مجهولون من عصور مختلفة معتمدين على أساطير شعبيّة مرتبطة بالأبطال. لا يخلو أدب أمّة عريقة في مجدها الفكريّ والحربيّ من ملحمة شعريّة، ومن أعظم وأشهر الملاحم عبر التاريخ "الإلياذة" و"الأوذيسة" للشاعر اليونانيّ هوميروس. ومن الملاحم الشهيرة أيضا "الشاهنامه" الفارسيّة

و"مهابهارتا" الهنديّة، وفي أدبنا العربيّ هناك "سيرة بني هلال" و"سيرة الظاهر بيبرس" و"سيرة سيف بن ذي يزن".

المفردات الجديدة

جودة	优良，精良；质量
سبك	铸造
حبكة (الشعر والرواية)	结构，布局；情节
سيرة ج سير	记事，传记；名声
قصيدة ج قصائد	诗篇，长诗
خلا ـُ خلوّا و خلاء من كذا أو عنه	没有
الإلياذة	伊利亚特
الأوذيسة	奥德赛
هوميروس	荷马
الشاهنامه	列王记
فارسيّ م فارسيّة	波斯的
مهابهارتا	摩诃婆罗多
هلال بن عامر (بنو هلال) (قبيلة عربيّة عدنانيّة، عرفوا بفصاحة لغتهم العربيّة، هاجر بعضهم إلى مصر وأقاموا في الصعيد، منهم وضعت القصّة الشعبيّة المعروفة بسيرة بني هلال.)	希拉勒人
الظاهر بيبرس (رابع سلاطين المماليك، حارب في عين جالوت ضدّ التتر بقيادة الملك المظفّر قطز.)	扎希尔 • 拜巴尔斯

سيف بن ذي يزن (ملك حميريّ، طرد 赛夫·本·祖·叶赞 الأحباش من جنوب بلاد العرب، اشتهرت قصّته الّتي وضعت بين قرنين ١٤ و١٥ في القاهرة، وراجت في الأوساط العربيّة للشعور القوميّ العميق الّذي يسودها.)

附：相关译文

第十四课 轻新闻（三）

谚 语

德国有一个民间谚语说：谁去赴狼的宴会，应当带着狗。谚语的含义是很清楚的，它要求在任何情况下都要小心，要准备应付对手的欺骗。

笑 话

在一个晚会上，一位著名女演员遇到了一位著名女作家，女演员想占便宜，便对女作家说："啊，我拜读了你的新书，很精彩！可究竟是谁为你写的呢？"

"谢谢，但是谁为你读的呢？"

一个慈善机构收到了一位发战争财的富翁捐来的500埃镑的支票，但机构负责人发现支票没有签名，便问富翁说：

"先生，我们很感谢您，但您好像忘记在支票上签名了。"

"不，不，我没忘，我是有意不把我的名字写在支票上的，因为我觉得，如果行善者的名字被知道的话，善事就失去意义了。"

知识：希罗多德

希罗多德是一位古希腊历史学家，生于公元前 484 年，被称为"历史之父"。他一生中访问了许多国家，其中包括埃及，关于埃及他曾说过："埃及是尼罗河的馈赠。"关于古希腊和波斯之间的长期战争他也有许多著述。

正如评论家们所说，希罗多德是一位视野开阔的天才作家，他喜好记录奇闻轶事，善于描述，能够用优美的文笔描绘其所见所闻。他之所以被称为"历史之父"，是因为他是第一个不把历史作为故事传说，而作为科学研究题材来处理的人，尽管评论家们认为他的历史哲学是原始的，他阐述事件时要么引入妇女，要么引入那个时代人们偶像概念中的神，或者两者兼而有之。此外，他没能充分关注细节和事件的时间，没能充分分析、批评信息和区分事实与神话。希罗多德于公元前 425 年逝世，享年 59 岁。

故　事

两只猫之间的爱情故事造成了一名意大利人死亡，另一人入狱。《消息报》的详细报道说：意大利城市米兰两只热恋的猫的故事，导致一位公民死亡，另一人入狱。

48 岁的冯·安杰罗斯多次警告他的邻居，让他的母猫走开，不要引诱其引以为豪并保护在公寓中的公猫，但邻居没有理会警告，结果发情的公猫逃跑了，同母猫生活在邻居的公寓里。安杰罗斯从厨房里拿出刀，把邻居杀死了。有趣的是，两只猫现在却幸福地生活在第三位邻居家里，并生育了许多只小猫。

史 诗

史诗是一种长诗故事，具有很好的艺术结构和情节。史诗讲述的是一个民族自诞生以来的历史，所有人、小事件均会涉及，通常英雄的生平是连接史诗各部分的内容。

史诗有一位诗人编著的，也有各个时代的无名诗人依据与英雄相关的民间传说而编著的。任何一个具有思想和战争荣誉的古老民族的文学中都不乏史诗，历史上最著名的史诗有希腊诗人荷马的《伊利亚特》《奥德赛》，波斯的《列王记》，印度的《摩诃婆罗多》。在阿拉伯文学中有《希拉勒人传记》《扎希尔·拜巴尔斯传记》和《赛夫·本·祖·叶赞传记》。

الدرس الخامس عشر العلم والحياة (١)

العلم والحياة برنامج تعدّه وتقدّمه الدكتورة أميمة كامل.

نبدأ جولتنا عزيز المستمع من اليابان حيث توصّلت مجموعة من الباحثين بجامعة طوكيو إلى إثبات أنّ بعض المركّبات الكيماويّة المستخلصة من إحدى الأشجار لها تأثير كبير على إعادة السمع للأعصاب المدمّرة، إذ أنّها تعمل على تطوير وتنميّة الخلايا الحيّة اللازمة للعمليّات والنشاطات الحيويّة في الجسم.

وقد أثبتت الأبحاث أنّه بعد أقلّ من شهرين من بدء العلاج ظهر التحسّن الواضح على خمسة وثلاثين مريضا من بين تسعة وخمسين مريضا أجريت التجارب عليهم، وقد استطاع مريض واحد من بين أربعة مرضى من من كانوا يعانون من ضعف السمع بشدّة أو انعدامه تماما استطاع أن يستعيد سمعه بالكامل بينما انعدم الطنين في معظم الحالات الّتي استخدم فيها هذا العلاج الجديد. وتجري الأبحاث حاليا لمعرفة ميكانيكيّة عمل العقّار الجديد وآثاره الجانبيّة على المدى البعيد، وذلك قبل استخدامه على نطاق واسع.

المفردات الجديدة

باحث جـ باحثون　　研究人员，学者

طوكيو	东京
مركّبات كيماويّة	化合物
مستخلص م مستخلصة	被提炼出的
عصب ج أعصاب	神经
انعدم انعداما الشيء	不存在
طنين الأذن	耳鸣
ميكانيكا	力学，机械学

عزيز المستمع، في ألمانيا أثبت بحث جديد أنّ تصلّب الشرايين ليس مسؤولا عن ضعف الذاكرة، كذلك كبر السنّ ليس مسؤولا عن تدهور الذاكرة.

وأوضح البحث أنّ أفضل شيء للاحتفاظ بالمخّ في كامل لياقته هو استمرار استخدامه، إذ أنّ كبار السنّ كثيرا ما يلجؤون إلى الكسل لعدم الإقبال على إتّخاذ قراراتهم بأنفسهم، وأيضا عدم الاشتراك في أيّ رياضة ذهنيّة أو نشاط عقليّ مستمرّ. ويؤكّد الأطبّاء أنّ أيّ أنشطة حركيّة يمارسها كبار السنّ تجعل القلب يزيد من ضخّه للدم، فيزداد وصول الدم إلى المخّ، وبالتالي يبدأ المخّ مزاولة نشاطه العادي دون أيّ تدهور.

المفردات الجديدة

تصلّب تصلّبا الشيء	变硬，硬化

تدهور تدهورا الشيء 退化，衰退，恶化

مخّ 大脑，精髓

لياقة 机智，机敏；有风度

ضخّ ـُ ضخًّا الماء ونحوه 喷出，射出

أمّا في فرنسا فقد نجح أطبّاء أحد المستشفيات بباريس في التغلّب على مشكلة نقل البويضة الملقّحة فورا إلى رحم الأمّ في حالات أطفال الأنابيب، الأمر الّذي كان يعرّضها في كثير من الأحيان للتلف، وذلك عندما لا تكون الأمّ مهيّئة لزرع البويضة. وقد استطاع الأطبّاء تحقيق ذلك بعد أن قاموا بتلقيح البويضة داخل أنبوبة بالمعمل، ثمّ عزلوها ووضعوها في درجة حرارة منخفضة بالإضافة إلى توفير بعض الظروف البيئيّة الأخرى. وعندما تأكّد العلماء من استعداد الأمّ لاستقبال البويضة الملقّحة قاموا بإعادة زرعها في الرحم.

المفردات الجديدة

بويضة جـ بويضات 卵细胞，胚珠

ملقّح م ملقّحة 被移植的；受精的

رحم 子宫

لقّح تلقيحا النبات 授粉，嫁接

أنبوبة جـ أنابيب 管子

معمل جـ معامل 工厂，作坊，实验室

عزَل ـِ عزلا الشيء عن غيره 分隔，隔离

ونتهي جولتنا عزيز المستمع في الولايات المتّحدة الأمريكيّة حيث أوضح تقرير طبّيّ حديث أنّ انتشار ظاهرة حمّامات الشمس وانتشار المراكز الطبّيّة لحمّامات الشمس الصناعيّة قد أدّى إلى زيادة حالات الإصابة بسرطان الجلد بشكل متزايد منذ الثلاثينات في هذا القرن، وأوضح التقرير أنّه في الثلاثينات كان معدّل الإصابة بسرطان الجلد واحدا بين كلّ ألف وخمسمئة شخص، وقد زاد إلى واحد بين كلّ ستمئة شخص عام ١٩٥٠، وإلى واحد بين كلّ مئتين وخمسين شخصا عام ١٩٧٠، وحاليا أصبح واحدا بين كلّ مئة وخمسين شخصا، ومن الموقّع أنّ المعدّل واحد بين كلّ مئة شخص خلال عام ٢٠٠٠. وقد حذر الأطبّاء من الشمس خاصّة خلال الفترة من الحادية عشرة صباحا حتّى الرابعة بعد الظهر عندما كانت الشمس عموديّة، وأيضا لها آثار ضارّة عديدة. وتجرى حاليا الأبحاث لدراسة الأشعّة فوق البنفسجيّة، لأنّه من المعتقد أنّ زيادتها تقلّل من المناعة في الجسم، وبالتالي تؤدّي إلى ظهور حالات سرطان الجلد.

المفردات الجديدة

سرطان 癌；螃蟹

متزايد م متزايدة	日益增长的
الثلاثينات	三十年代
عموديّ م عموديّة	垂直的
الأشعّة فوق البنفسجيّة	紫外线
قلّل تقليلا الشيء	减少，缩减

附：相关译文

第十五课 科技与生活（一）

生活与科技节目由伍麦怡迈·卡米勒编辑并播出。

亲爱的听众，我们的节目从日本开始。东京大学的一些研究人员证实，从一种树里面提炼出的一些化合物，对恢复神经受损的听力有很大的作用，因为它可以促进人体生命运动和活动所必需的生物细胞（的生长）。

研究证明，开始治疗不到两个月，在参与试验的59位病人中有35位的病情有了明显好转；4位重度或完全丧失听力的病人中有1位已彻底恢复了听力。同时，使用这一新疗法的大部分病人已不再有耳鸣。目前的研究是为了在大范围使用这一新药前，了解它的药效及其长期的副作用。

亲爱的听众，在德国，一项新的研究证实，动脉硬化不是记忆力差的原因，同样，年纪大也不是记忆力衰退的原因。

研究表明，保持大脑完全灵活的最好方法就是不断使用它，因为年纪大的人往往发懒，不爱自己做决定，不参加任何智力运动或持续的脑力活动。医生强调，上年纪的人所从事的任何运动都可以使心脏加强泵血，使到达大脑的血液增加，于是大脑便开始进行其正常活动，而不衰退。

在法国，巴黎一家医院的医生在试管婴儿的实验中，成功地解决了把受精卵立即植入母亲子宫的难题。过去在母亲没有做好移植卵子的准备时，受精卵经常坏死。现在医生们先使卵子在实验室的试管中受精，然后把它分离出来，并将其置于低温中，还要准备一些其他的环境条件；当科学家们确定母亲已做好接受受精卵的准备时，再将它植回子宫。

亲爱的听众，我们的节目将在美国结束。一项新的医学报告指出，日光浴的流行以及人造日光浴医疗中心的普及，造成了20世纪30年代以来皮肤癌病例的大量增加。报告表明，在30年代，患皮肤癌的比例是一千五百分之一，到1950年增加到六百分之一，到1980年增加到二百五十分之一，现在已达到一百五十分之一，预计2000年这一比例是百分之一。医生们警告，太阳，尤其是上午11点到下午4点期间直射时的太阳，有很多有害的作用。现在正在进行对紫外线的研究，因为可以肯定，紫外线的增强会降低人体的抵抗力，从而导致皮肤癌的出现。

الدرس السادس عشر العلم والحياة (٢)

عزيز المستمع، تفرز غالبيّة الحيوانات موادّ كيماويّة تستخدمها في الدفاع عن حياتها في حالات الخطر وفي التعرّف على المنطقة الّتي تعيش فيها أو للتزاوج أو للمساعدة في العثور على مكان الطعام، كذلك تفرز غالبيّة الحيوانات الفقريّة كالظبي والفأر البرّيّ موادّ كيماويّة تتركها على الأعشاب أو فوق الأغصان، وقد يستعمل الحيوان فضلاته لتنبيه الحيوانات الأخرى الغريبة قبل أن تدخل المناطق الّتي يعتبرها خاصّة به. وهذه الموادّ الكيماويّة ليست أسلوبا وحيدا للتفاهم والاتّصال بين الحيوانات، فهناك إشارات ضوئيّة أو صوتيّة عند بعض الأنواع أو بطريق حركات خاصّة، وكلّ هذه الأساليب تعتبر بمثابة اللغة الّتي تستخدمها الحيوانات، تلك اللغة الّتي تصل إلى أرقى مستوى لها عند أرقى الكائنات الحيّة، وهو الإنسان.

وما يهمّنا هو اللغة الّتي تستخدم الموادّ الكيماويّة كوسائل للتفاهم، فالفئران إذا ما وقع واحد منها في فخّ فإنّ الإفراز السريع يبعد جميع الفئران الأخرى عن منطقة الخطر، كما لوحظ أنّ الفئران المنزليّة والبرّيّة تفرز الروائح طوال رحلتها داخل المسكن أو المخزن الّذي تعيش فيه.

وكلّنا شاهد النمل وهو يجري في خطوط متتابعة، وتعجبنا من دقّة مساره وسرعة انتشاره وسيره الدؤوب في طابور منظّم منتظم، وتساءلنا كيف يتمّ ذلك، اكتشف العلماء خلال السنوات الأخيرة أنّ حشرات النمل تبثّ عدّة أنواع من الموادّ الكيماويّة الطيّارة، هذه الموادّ تقذف تحت ظروف خاصّة، فتبدو كأنّها إشارات أو رموز يقصد بها معنى معيّن، وهذه الإشارات الكيماويّة يتمّ التعرّف عليها إمّا عن بعد بالشمّ أو بالملامسة المباشرة، كما يمكن أن تكتشف عند بعض الأنواع عن طريق التذوّق. وهذه الموادّ الّتي يتمّ رشّها خلال المسار الّذي تتحرّك عليه قافلة النمل تنجذب إليها الأخريات من النمل بشكل غريب، وقد وجد أنّ نملة واحدة بمقدورها أن تكوّن علامات للطريق لمسافة يقترب طولها من نصف متر، ثمّ تتولّى نملة أخرى هذه المهمّة، وهكذا لكلّ المسار. لكن هل يمكن للإنسان أن يشمّ هذه الرائحة؟ بالطبع لا. فتركيز جزيئات تلك الرائحة منخفض جدا، ولكنّه كاف ومؤثّر بالنسبة للنمل، فبعد عدّة مرّات من المرور يكون تخطيط الطريق جيّدا بشكل يجعل معرفة النملة لمسارها أمرا مؤكّدا.

لقد ساعد كشف هذه اللغة الحيوانيّة في معرفة الكثير عن سلوك وحياة الحيوانات، ويأمل العلماء في أن يأتي يوم يستطيع فيه صيّادو الأسماك أن يطفوا على الشاطئ وهم يديرون شريطا يصدر نداء تتجمّع عليه الأسماك ليكسبوها في شبّاكهم. وممّا يروى في هذا المجال ما فعله عالم أمريكيّ مع طيور الزرزور الّتي هاجمت المزارع وأفسدت إحدى المدن الأمريكيّة بفضلاتها، فعن طريق معرفة صوت إنذار الخطر عند

هذه الطيور، تمّ تسجيله وإذاعته من خلال مكبّرات الصوت، فما كان من تلك الطيور إلاّ أن ابتعدت عن المدينة.

المفردات الجديدة

تزاوج تزاوجا	通婚；交织
الحيوانات الفقريّة	脊椎动物
فضلة جـ فضلات	残余，剩余；粪便
أرقى	最高级的；比较高级的
أهمّ إهماما الأمر فلانا	使忧虑，使苦恼；使感兴趣
طابور جـ طوابير	纵队，队列
دائب و دؤوب	持久的
قذف ـِ قذفا الشيء أو به	抛出，射击
لامسه ملامسة	接触，相触
تذوّق تذوّقا الشيء	品味，领略
انجذب انجذابا	被引诱
في مقدوره أن...	他有能力
جزيئات	枝节，细节；分子
خطّط تخطيطا الأمر	计划，规划；部署
شريط جـ أشرطة	带子
نداء جـ نداءات	号召，呼吁，召唤
زرزور جـ زرازير	欧椋鸟

أفسد إفسادا كذا	破坏，败坏，毁坏
أنذر إنذارا فلانا بكذا	警告，告诫；预示
مكبّر الصوت	扩音器，话筒

附：相关译文

第十六课　科技与生活（二）

　　亲爱的听众，大部分动物都分泌化学物质，它们利用这些物质在危险时保护自己的生命，以及熟悉它们所生活的地区，或用来求偶，或用来帮助它们去寻觅有食物的地方。大部分脊椎动物如羚羊、野鼠也分泌化学物质，并把它留在青草或树枝上，动物或许利用其粪便来提醒那些要进入自己领地的其他陌生动物。这些化学物质不是动物之间相互了解和联系的唯一方式，还有光、声信号或特殊动作，这些方式就像动物使用的语言，这种语言在最高级的生物——人那里达到了最高水平。

　　我们感兴趣的是以化学物质作为相互了解方式的语言，当一只老鼠掉到陷阱里时，它迅速分泌的物质可以使其他老鼠远离危险的地方；人们注意到，家鼠和野鼠在它们出行中都会在它们生活的房间或仓库里分泌出气味。

　　我们都见过沿着一条条路线行进的蚂蚁，我们惊讶于它路径的准确、分布的速度以及它们排着整齐队伍的持续行进，我们会问，它们是如何做到这些的。近几年，科学家们发现，蚂蚁可以散发出好几种飞散的化学物质，这些物质在特定的条件下被抛出，就像具有特殊含义的信号或标记，这些化学信号通过从远处闻或直接接触被得知，有些则是通过品尝来发现。这些在蚂蚁活动的路上被喷洒的物质，以奇特的方式引来其他蚂蚁，一只蚂蚁能够做出长近半米的道路标记，然后，另一只蚂蚁继续承担这一任务，整个路途中都是这样。但是人类能闻到这一气味吗？当然不能。因为那种气味的分子浓度非常低，但对蚂蚁来说却是足够的和有效的，经过几次之后，道路便很好地形成了，蚂蚁是肯定知道其路径的。

揭示这种动物语言，有助于了解很多动物的生活和行为，科学家们盼望着那样一天的到来，渔民们在水边播放发出呼唤的录音，鱼儿听着呼唤集中过来，然后渔民们用网来捕获。在这个领域，流传着一位美国科学家对欧椋鸟的所为，欧椋鸟曾攻击农场，并用其粪便对一个美国城市造成了破坏，通过了解这种鸟的预警声音、把它记录下来并用扩音器播放，鸟儿只好远离了这座城市。

الدرس السابع عشر اختبار

بيت جميل

تزوّج عبد الكريم في الصيف الماضي، وقد استأجر بيتا جميلا في منطقة هادئة بعيدة عن الأسواق والمحلاّت التجاريّة. حول بيته حديقة فيها أزهار جميلة وأشجار للفواكه، وفي وسطها نافورة يتدفّق منها الماء.

يتكوّن بيت عبد الكريم من طابقين، في الطابق الأوّل ثلاث غرف: غرفة الاستقبال وغرفة الطعام وغرفة المكتب، وفي الطابق الثاني غرف النوم وغرفة للأطفال.

وقد اختار عبد الكريم وزوجته أثاث هذا البيت: في غرفة الاستقبال أرائك وثيرة وكراسيّ فخمة وسجّاد ثمين، وفي الأركان مجموعات من الزهريّات الجميلة؛ وفي غرفة الطعام خزانة للفضّيّات والأطباق والأكواب ومنضدة كبيرة حولها الكراسيّ. أمّا الطابق الثاني فقد أعدّه الزوجان أداة جميلة، وتمّ فرش الغرف بأثاث مريح، فلا تقع العين إلاّ على كلّ جميل ترتاح إليه، هذا الأثاث يدلّ على حسن الاختيار وسلامة الذوق. وقد جمع هذا البيت بين الطراز العربيّ الأصيل والطراز العصريّ الحديث.

المفردات الجديدة

نافورة	喷泉，喷水池
تدفّق تدفّقا الماء ونحوه	涌出，迸发
وثير م وثيرة	柔软的
فخم م فخمة	雄伟的，壮丽的，豪华的
زهريّة ج زهريّات	花瓶
فضّيّات	银器
طراز ج طرز	形式，式样，模样

البناء والتعمير

ماذا يبني هؤلاء العمّال؟ إنّهم يبنون عمارة شاهقة، لقد وصلوا إلى الطابق الثامن ولم يتوقّفوا عن البناء. وفي الشارع المجاور نشاهد عمّالا يبنون مستشفى، واذا مشينا في شوارع هذه المدينة رأينا أنّ حركة البناء لا تتوقّف ولن تتوقّف، فهنا تبنى مدرسة، وهناك يقام مسجد، فالبناء حركة مستمرّة، وهو دليل على التقدّم والحضارة.

لقد عرف الإنسان من قديم الزمان كيف يبني بيته، بنى البيت الصغير الّذي يحميه من الحرّ والبرد، والآن يبني العمارات الشاهقة الّتي تصل إلى السحاب.

فللبناء تاريخ طويل ابتدأه الإنسان من فجر التاريخ، ثمّ ابتدأ التطوّر في البناء منذ القرن التاسع عشر الميلاديّ، وكان هذا بفضل

استعمال الحديد والاسمنت المسلّح، وعندما استعملت الآلات الحديثة أقيمت المباني في أقصر وقت.

إنّ بناء المنازل والمصانع والمؤسّسات والمسارح والمدارس والمساجد من أهمّ الإنشاءات في العصر الحديث، يحتاج كلّ بناء منها إلى كثير من العمّال المهرة من النجّارين والنقّاشين والسبّاكين والبنّائين.

وقد يسعد بعض الناس بمشاهدة حركة البناء، كيف يرمي الأساس وكيف تقام الجدران وكيف يصفّ البلاط وكيف تمدّ أنابيب المياه وأسلاك الكهرباء. وإذا دخلت بيتا بعد أن يتمّ تأثيثه فسوف ترى ما يسعدك، ترى الأرض وقد فرشت بالسجّاد، والجدران وقد طليت بأجمل الألوان، والنوافذ وقد غطّيت بالستائر.

ولقد اهتمّ المسلمون بالبناء اهتماما كبيرا، فكانت حضارتهم حضارة بناء وتعمير. إنّ أوّل بيت وضع للناس الّذين بمكّة كما يقول الله سبحانه وتعالى في القرآن الكريم، وهذا البيت هو بيت الله الحرام بمكّة والّذي يفد إليه المسلمون من جميع أنحاء الأرض لأداء فريضة الحجّ؛ وعندما هجر رسول الله صلّى الله عليه وسلّم من مكّة المكرّمة إلى المدينة المنوّرة كان أوّل عمل قام به هو بناء مسجد هناك؛ وعندما فتح عمرو بن العاص مصر أسّس مدينة الفسطاط، وبنى بها مسجده المشهور.

المفردات الجديدة

سحاب جـ سحب	云，云朵
الاسمنت المسلّح	钢筋水泥
سبّاك جـ سبّاكون	管道工
طلى ـِ طليا الشيء	油漆，涂涂料
سبحانه وتعالى	一切赞美全归真主
بيت الله الحرام	禁寺
حجّ	朝觐
مكّة المكرّمة	麦加
المدينة المنوّرة	麦地那
عمرو بن العاص	阿慕尔・本・阿绥
الفسطاط	福斯塔特

附：相关译文

第十七课 测试

美丽的家

阿卜杜勒·凯利姆去年夏天结婚了,他在一个远离市场和商店的地区租了一所漂亮的房子,房子旁边有一个公园,公园里有美丽的花朵和果树,公园中心有一个喷水池喷着水。

阿卜杜勒·凯利姆的房子有两层,第一层有客厅、餐厅和书房,第二层有卧室和儿童房。

阿卜杜勒·凯利姆和妻子挑选了房子的家具:客厅有柔软的沙发、豪华的椅子和贵重的地毯,屋角有几组漂亮的花瓶;餐厅有一个放银器、盘子、杯子的餐柜,一个大餐桌,桌子周围有几把椅子;在第二层,夫妻俩布置了漂亮的用品,卧室放置了舒适的家具,令人赏心悦目,这些家具说明(他们)挑选得好,品位高。这所房子集传统的阿拉伯风格和现代风格于一身。

建 筑

这些工人在建筑什么?他们在建一幢大楼。他们已建到了第八层,但仍然没有停止建造。在毗连的街道,我们看见工人们在盖一所医院。我们走在城市的大街上，可以看到建筑活动无休无止，这里在建一所学校，那里正盖一座清真寺。建筑是持续的活动，它是发展和文明的见证。

人自古以来便知道如何建造他的房屋，过去建造抵御酷热和严寒的小房子，现在则盖摩天大楼。

建筑有很长的历史，有史以来人类便开始了建筑，公元19世纪建筑有了大发展，这要归功于铁和钢筋水泥的使用，现代化机械使用后，大楼在很短的时间里便可以盖好。

建造住房、工厂、企业、剧院、学校、清真寺是现代最重要的建筑活动，其中每一项建筑都需要大量的熟练工人，如木工、油漆工、管道工、建筑工等等。

有些人很喜欢观看建筑活动：如何奠基，如何起墙，如何码砖，如何铺水管和电线。你进入一所摆好家具的房子，就会看到令你愉快的一切，你看到地面铺上了地毯，墙壁涂上了最美的颜色，窗户也挡上了窗帘。

穆斯林非常重视建筑，他们的文明是一种建筑的文明，第一所为麦加人建造的房子就是安拉在《古兰经》中提到的，即麦加的天房，穆斯林们从世界各地来到这里举行朝觐仪式；安拉的使者从麦加迁徙到麦地那后做的第一件事，就是在那里建清真寺；阿慕尔·本·阿绥征服埃及后，建了福斯塔特城，并在城里建造了著名的清真寺。